POTKUJA JA POMMEJA

MOTTO

Hyvin usein voittajia ovat häviäjät,
jotka päättivät yrittää vielä kerran.

POTKUJA JA POMMEJA

sekä muita liikuttavia tekstejä.

Kirjoituksia kuntoilusta, kilpaurheilusta, liikunnasta sekä työelämän murroksesta.

Hannu Saarinen

Ellei paremmasta mitään tiedä, keskinkertainen on hyvää, kurja siedettävää, sietämätön mahdollista ja surkea normaalia.

— Kirjailija Henrik Tikkanen

Sisällys

LUKIJALLE

Kun olin saanut valmiiksi "Aidan takana oli konepaja"- kirjan, mietin seuraavaa kirjaprojektiani. Puolisoni Ritva Nikulainen ehdotti, että kokoaisin kirjan eri vuosina kirjoittamistani kolumneista. Alkuun en lämmennyt ajatukselle, sillä kolumnit ovat usein sidoksissa aikaansa, jolloin tekstin pienet viittaukset eivät välttämättä aukea lukijalle.

Esimerkiksi kun kirjoitin, etten saanut ajatusta kirjoitukseeni hiihtoladulla pohjoisessa, viittaan sillä silloiseen pääministeri Matti Vanhaseen, joka julkisuudessa kertoi saaneensa ajatuksen hiihtäessään. Vanhasen Rukan hiihtoladulla saama ajatus eläkeiän nostamisesta ällistytti ja siitä kirjoitettiin paljon. Kun kirjoitan suunnistusohjeita ja pohdin Maran selviytymistä, kolumni on kirjoitettu vähän sen jälkeen kun Martti Ahtisaari oli valittu presidentiksi. Jos tällaista ei lukija muista, saattaa kirjoitukseni kulku hiukan kummastuttaa.

Kaikesta tästä huolimatta, eräänä marraskuisena päivänä kaivoin esiin kirjoittamani kolumnit ja aloin lukea niitä. Niitä oli reilun parinkymmen vuoden aikana kertynyt niin Keski-Uusimaa kuin muihinkin lehtiin lukuisia, ja niiden aihepiirit vaihtelivat suuresti.

Tarkemmin lukiessani niistä erottui selkeästi omaksi ryhmäkseen liikuntaan ja urheiluun sekä työelämän muutoksiin liittyvät jutut joista kokosin tämän kirjan. Jaoin vielä kirjoitukset omiin alaotsikkoihin. Näin ne täydentävät toisiaan.

On huolestuttavaa, että ongelmat eivät ole vuosien aikana muuttuneet ja kansan sekä kestävyysjuoksun huonokuntoisuus näyttävät vain jatkuvan. Myös työelämä muuttuu huonompaan suuntaan.

Uskon, että tämä kirja on eräänlainen pamfletti suomalaisen liikunnan ja työelämän viimevuosien tilasta.

Syksyllä 2018
Hannu Saarinen

Kyky on se mitä pystyt tekemään. Motivaatio määrää sen mitä teet. Asenne ratkaisee kuinka hyvin teet sen.

— Valmentaja Lou Holtz

KESTÄVYYSJUOKSU KRIISISSÄ

Menestyksen ja menetyksen vuodet

Näin yleisurheilun EM-kisojen aikoihin on hyvä muistella hiukan menneitä suomalaisen kestävyysjuoksun näkökulmasta. Tänä vuonna tulee kuluneeksi yli sata vuotta siitä kun Hannes Kolehmainen voitti Tukholman olympialaisissa kolme kultamitalia. Nämä Tukholman kisat nostivat Suomen jos ei ihan maailman niin ainakin urheilumaailman kartalle. Vaikka voiton kunniaksi maamme lippu ei noussut salkoon, saavutus oli silloin suomalaiselle identiteetille tärkeä, kuten juoksu tuli olemaan sen jälkeiset vuosikymmenet.

Kolehmaisen jälkeen taivalsivat maailman kärkeen monet suonalaisjuoksijat, joista Paavo Nurmi eittämättä menestyksekkäimpänä yli kymmenellä olympiamitalillaan. Kuinka moni meistä muistaa Harri Larvan, Volmari Iso-Hollon, Taisto Mäen tai vaikkapa kolmen Olavien trion (Salsola, Salonen ja Vuorisalo) saavutukset?

Sitten seurasi pitkä menestyksetön ajanjakso. Vaikka Jouko Kuha oli vuonna 1968 juossut 3000 metrin esteissä uuden ME-tuloksen, voidaan sanoa, että 1971 Helsingin EM-kisoissa "Julma-Juha" Väätäinen aloitti maamme kestävyysjuoksun uuden voittokulun. Kuinka moni meistä muistaa sen mahtavan tunteen, mikä seurasi hänen voitettuaan sekä 5000 metrin että 10 000 metrin Europan mestaruudet. Poistuessani silloin juosten olympiastadionilta kotiini, en vielä arvannut, mitä seuraavat vuodet toisivat tullessaan.

Neljäkymmentä vuotta sitten, vuoden 1972 olympialaiset jatkoi suomalaisen kestävyysjuoksun uuden nousun esiinmarssia. Lasse Virenin kaksi ja Pekka Vasalan juoksema yksi voitto antoivat uskoa suomalaiseen juoksu-urheiluun. Tämä kestävyysjuoksun hurma kesti aina vuoden 1984 Los Angelesin olympialaisiin. Silloin 10 000 metrin juoksussa (kultaa Prahan EM-kisoissa voittanut) Martti Vainio jäi kiinni dopingin käytöstä. Siitä päivästä alkoi suomalaisen kestävyysjuoksun tarpominen alamaissa, eikä sen päätepistettä ole ollut nä-

9

kyvissä. Tosin tilanteeseen ovat tuoneet pientä valonpilkahdusta Jukka Keskisalon ja Janne Holménin Euroopan mestaruudet.

Voimmekin kysyä, mikä suomalaisessa kestävyysjuoksussa on viime vuosina mennyt pieleen? Miksi Helsingin tämän vuoden EM-kisajoukkueessa on kestävyysjuoksijoita yllättävän vähän? Nykyisin, kun muistelee Kolehmaisen, Paavo Nurmen, Väätäisen tai Lasse Virenin saavutuksia, moni nykynuori ei heistä ole koskaan edes kuullut. Miksi? Eivätkö he ole kuitenkin osa suomalaista urheilumenestystä kuten ovat jääkiekkoilijat ja jalkapalloilijat.

Ehkä on myös niin, etteivät nuoret urheilutoimittajat tiedä tai arvosta suomalaisen kestävyysjuoksun perinteitä. Varmaa on, etteivät suomalaisten kestävyysominaisuudet ole mihinkään hävinneet. Mahdollisuuksia siis on. Entä mitä kertoo se, että Hannes Kolehmainen, jonka harjoitteluun kuuluivat myös pitkät kävelylenkit, juoksi Tukholmassa sata vuotta sitten 5000 metrin voittoon ajalla 14.36,6. Tällä ajalla hän olisi ollut maamme viime vuoden tilastossa yhdeksäs.

Olavien aika

Toista oli ennen. Tarkoitan aikaa jolloin suomalaismailerit olivat maailman huippua ja heidän tasonsa oli huomattavasti vauhdikkaampi kuin nykyisillä juoksijoillamme. Olen monesti ihmetellyt, mikä on mennyt pieleen, kun suomalaisten juoksuvauhti on hiipunut.

Onko SUL:n johto unohtanut kokonaan kestävyysjuoksun kehittämisen? Tai onko peräti käynyt niin, että koko yleisurheilu, ehkä keihäänheittoa lukuun ottamamatta, on jätetty oman onnensa nojaan?

Sain käsiini urheilutietäjän ja – kirjoittajan Matti Hannuksen mainion kirjan "Olaveihin Suomi luotti". Kirjassa Hannus käsittelee 1500 metrin juoksun vaiheita maassamme 1950-luvun puolenvälin tienoilla. Siis aikaa josta on kulunut jo reilut 50 vuotta. Aikaa, josta meillä olisi paljon opittavaa.

Kuinka moni meistä enää muistaa tai edes tietää kolmen Olavin ME-juoksusta Turussa heinäkuun 11. päivänä vuonna 1957. Silloin Olavit Salsola, Salonen ja Vuorisalo juoksivat 1500 metrin maailmanennätyksen. Salsolalle ja Saloselle kellotettiin aika 3.40,2 ja Vuorisalolle sekunnin kymmenys enemmän. Ajat olisivat kovaa "valuuttaa" vielä tänäkin päivänä.

Niklas Sandells saisi juosta tosissaan, eikä silti pysyisi näiden hiilija tiilimurskalla juosseiden Olavien vauhdissa.

Näiden vuonna 1933 syntyneiden Olavien ME-juoksuun liittyy pientä dramatiikkaakin. ME kesti vain yhden vuorokauden, kun Tšekkoslovakian Stanislav Jungwirth juoksi seuraavana päivänä aikaan 3.38,1.

Mikä sitten oli 1950-luvun mailereiden kovan vauhdin salaisuus? Hannus on pyrkinyt kirjassaan selvittämään, miten mailerit siihen aikaan harjoittelivat.

Kaikki kolme Olavia olivat tyypiltään varsin erilaisia. Silti heidän harjoittelussaan pääpaino oli "vetoharjoittelussa". Toinen varsin huomattava seikka heillä oli, kuten sen ajan muillakin huippumailereilla, runsas kilpailujen määrä.

Myös 1950- ja 1960 luvuilla oli tyypillistä lukuisat maaottelut, joissa suomalaisyleisurheilijat ottivat mittaa muiden maiden kansallisista huipuista.

Vastassa olivat mm. Unkari, Italia ja Englanti. Eivätkä Olavit karttaneet juosta myös pitempiä matkoja. Salonen voitti vuonna 1960 Pariisissa 10 000 metrin taktiikkajuoksun ajalla 30,25.

Nykyisin SUL:n linja on varsin kummallinen. On vain Ruotsi-Suomi maaottelu, eikä edes maassamme käytyihin nuorten EM-kisoihin valittu mahdollisimman suurta joukkuetta.

Raaka tosiasia on, että kilpailemaan oppii vain kilpailemalla ja kunto sekä kokemus karttuvat kovissa koitoksissa.

11

Hannuksen toimittamasta kirjasta löytyy urheilusta kiinnostuneelle monta mielenkiintoista asiaa. Salsolan lopetettua uransa Olavi Vuorisalo ja "Tankki" Salonen kuuluivat pitkään edustusjuoksijoihin. Mitenhän Olavi-trio, joka ei etelässä leireillyt olisi pärjännyt Vaasan Kalevan kisoissa? Vielä vuoden 1963 Kalevan Kisoissa kovana kirimiehenä tunnetun Salosen voittoaika oli 3.46,3.

Suomalaisen kestävyysjuoksun kohtalon hetket

Tänä vuonna tulee kuluneeksi 40 vuotta siitä kun Juha Väätäinen voitti Helsingin EM-kisoissa niin 5000 kuin 10 000 metrin mestaruudet.

Jälleen ensi kesänä Euroopan yleisurheilun parhaimmisto kokoontuu Helsingin Olympiastadionille. Mutta voidaanko odottaa samanlaista suomalaisjuoksijoiden menestystä kuin vuonna 1971? Tuskinpa vain.

Lukuun ottamatta muutamia poikkeuksia suomalainen kestävyysjuoksu on rämpinyt viimeiset parikymmentä vuotta aallonpohjassa. Pelkona on, että koko laji hukkuu muiden helpompien urheilumuotojen alle.

Mistä sitten johtuu, ettei maastamme löydy tarpeeksi lahjakkuuksia, jotka lähtisivät tähtäämään lajin huipulle. Selityksiä on monia. Niitä on riittänyt erityisesti Suomen Urheiluliitolla. Vähemmän on nähty tekoja tilanteen korjaamiseksi. Voidaan kysyä, onko mitään merkitystä sillä, että liiton johdosta ei löydy yhtäkään kestävyysjuoksua tosissaan kehittävää henkilöä.

Suomalaisen kestävyysjuoksun tason nousu 1970-luvulla luotiin, kun Suomen Urheiluliitto palkkasi vuonna 1967 olympiavoittajien Peter Snellin ja Murray Hallbergin valmentajana toimineen Arthur Lydiardin. Hänen työnsä maamme juoksu-urheilun puolesta oli laajaa. Hän kiersi parisen vuotta luennoimassa ympäri Suomea, ja hänen ohjeensa levisivät satojen valmentajien ja juoksijoiden keskuu-

12

teen. Virheitäkin tuli, mutta hän loi innostuksen valmentajiin ja juoksijoihin lajiin, joka ei vaadi suuria urheiluhalleja.

Siihen aikaan oivallettiin, että kehittämällä seuratoimintaa ja valmennustietoutta luodaan laaja perusta, josta myös lahjakkuudet löytyvät. Lisäksi harjoittelun perusteet olivat järkeen käyviä. Huipulla oli juostava 100 mailia (160 km) viikossa. Kun näin luotiin hyvä pohjakunto, sille rakennettiin keväällä kilpailukunto.

Tänä päivänä tuntuu siltä, että SUL:ta puuttuu selkeä toimintamalli. Puuttuu lajin innostajat ja seuratoiminta ontuu kuin kuntomaratoonari viimeisellä kilometrillä.

Menneen kesän kilpailukalenteria tarkasteltaessa ei voi kuin hämmästellä, kuinka vähän siitä löytyy 5000 tai 10 000 metrin kisoja. Olikohan Hyvinkäällä tai Riihimäellä yhtään? Voi vain kuvitella, kuinka motivoivaa on juoksijan harjoitella koko pitkä talvi, kun kesällä on vain muutama kilpailu.

Kestävyysjuoksijalle ja maratoonarille hyviä harjoituksia ovat myös lyhemmät matkat, mutta, mutta miksi ihmeessä kisakalenterista ei löydy esimerkiksi 1500 metrin kisoja, jotka olisivat määritelty C-luokan ja luokattomien juoksijoiden kilpailuiksi?

Huomioitavaa on, että suomalaisia "maratoonareita" oli vuonna 2010 yli 14 000 ja maratonsuoritusten määrä oli liki 19 000. Tämä todistaa, että suomalaiset ovat kiinnostuneet yhä kestävyysjuoksusta. Valitettavasti vain nämä suuret massat ovat keski-iän kynnyksellä "hölkkäherätyksen" saaneita. Ehkä heistä löytyisi myös monta nuoren vetäjää, mutta onko kukaan koskaan älynnyt edes kysyä?

Tosiasia on myös, ettei suomalainen perimä ole 40 vuodessa mihinkään muuttunut, joten varmaa on, että samoihin ja jopa parempiin tuloksiin kuin 1970-luvulla on mahdollista päästä, kun vain halutaan lähteä tekemään pitkäjänteistä työtä.

Halutaanko sitä SUL:ssä ihan aikuisten oikeasti, onkin sitten toinen kysymys.

Kestävyysjuoksu kriisissä

Olen monesti kantanut huolta suomalaisen kestävyysjuoksun tilasta. Nyt siinä eletään kriittisiä, ellei jopa kriisin aikoja. Suuri osa vuosia mukana olleista maamme huippujuoksijoista on laittamassa piikkareitaan varastoon. Kun Jukka Keskisalon lisäksi Matti Räsänen ja muutama muu kärkijuoksija ovat lopettamassa uraansa, katseet suuntautuvat mahdollisiin uusiin huippuihin. Mutta, löytyykö heitä? Olisiko mantteliperijäksi Saarijärven Pullistuksen Joonas Rinteestä, joka juoksi alkukesästä 800 metriä 17-vuotiaiden poikien Suomen ennätyksen 1.51,02. Tai löytyisikö joku muu nuori siitä noin 70 000 nuoren joukosta jonka SUL ilmoittaa lajin harrastajaksi.

Tilanne ei ole niin valoisa kuin aluksi näyttää. Tämän vuoden maastojuoksun SM-kisojen vähäiset osanottajamäärät kertoivat karua kieltään. Alle 22-vuotiaiden miesten sarjassa löytyi vain kolme seuraa, joilta löytyi kolme juoksijaa joukkueeseen. Samassa yhteydessä juostussa nuorten Flying Finns-kisassa kaikissa sarjoissa ei löytynyt kolmea saman seuran juoksijaa sarjaa kohti kuin pariin joukkueeseen.

Aamupostin lukija-alueelta ei löytynyt maastokisoissa juurikaan juoksijoita! Mitä tämä kertoo paikallisen tai suomalaisen kestävyysjuoksun nykytilasta?

Vaikka Suomen Urheiluliiton taholta kerrotaan kymmenistä tuhansista nuorista lajin harrastajista, vain harvoja oikeasti näkyy kisapaikoilla.

On myönnettävä, että ajat ovat toiset kuin 1970-luvulla, jolloin elettiin suomalaisen kestävyysjuoksun erästä nousukautta. Juoksukouluja oli monin paikoin. Silloin maratonjuoksijoita maassamme oli parisen sataa, mutta tulokset kärkikymmenikön osalta huomattavasti kovempia kuin tänä vuonna. Toisaalta, tänä vuonna maratonjuoksijoita löytynee yli 10 000. Se on huikea luku, mutta minkä tasoisia ja ikäisiä juoksijat ovat? Vanha sanonta kuuluu: "Määrä ei korvaa laatua."

Hyväksi urheilijaksi tullaan, varsinkin kestävyyslajeissa, tekemällä määrälisesti paljon harjoittelua. On kuitenkin muistettava, että harjoittelussa tulee olla myös laatuosioita sopivassa suhteessa kunkin urheilijan tasoon nähden.

Kysymys kuuluukin, eikö suuresta maratoonarien joukosta löydy lahjakkuuksia, jotka lähtisivät tosissaan harjoittelemaan kohden kovia suorituksia. Ajan henki näyttää olevan se, että juostaan mukavasti hiljaa ja kerätään vain määrää.

Selvää on, että juoksuun myöhäisheränneistä, keski-iän kynnyksellä olevista liikkujista ei todennäköisesti tule ihan huippu-urheilijoita, mutta he voivat yltää hyvälle piirikunnalliselle tasolle, jos vain haluavat panostaa hiukan enemmän laadukkaaseen harjoitteluun.

Näyttää myös selvästi, suurista maratonjuoksijoiden määrästä huolimatta, että kestävyysjuoksun arvostus on maassamme vaipunut maan rakoon.

Olisiko siis aika tehdä jotain? Olisiko mitenkään mahdollista, että edes kymmenen prosenttia suomalaisista maratoonareista ottaisi lenkilleen mukaan muutaman nuoren? Näin myös nuoria saataisiin oikeasti kestävyysjuoksun piiriin.

Kestävyysjuoksu on hieno urheilulaji, joka ei maksa yhteiskunnalle, nuorelle eikä hänen vanhemmilleen juuri mitään. Silti se voi antaa monia unohtumattomia hetkiä. Tiedän sen omasta kokemuksestani.

Arvostus kateissa

Ulkona on yli toistakymmentä astetta pakkasta. Onkohan joku suomalainen kestävyysjuoksija aamulenkillään tässä kylmässä säässä, mietin laittaessani hiihtovaatteita päälleni.

Kauan sitten, 1970-luvun alussa, kovakaan pakkanen ei estänyt meitä juoksulenkille lähdöstä. Meillä oli halu juosta, minullakin, vaikka menestystä ei tullut. Tunsin kuuluvani kestävyysjuoksijoiden upeaan porukkaan. Se sama halu liikuntaan minulla on jatkunut aina näihin päiviin asti, ja jatkuu niin kauan kuin terveyttä minulla riittää.

Janne Holmén kirjoittaa viimeisessä Juoksija-lehdessä teemalla "Urheileva Suomi odottaa satsausta kestävyysjuoksuun". Olen samaa mieltä.

Janne tietää, mistä kirjoittaa, sillä hänen aktiiviurastaan ei ole vielä pitkää aikaa. Nyt hän kantaa huolta siitä, ettei Olympiakomitea panosta juurikaan kestävyysjuoksuun. Holménin mukaan kestävyysjuoksun taloudellinen tukeminen pitäisi olla Suomessa itsestään selvyys. Hän perustelee varsin oikein, että juoksuharrastus parantaa todennäköisesti eniten kansaterveyttä.

Mitkä ovat syyt suomalaisen kestävyysjuoksun alamäkeen ja arvostuksen puutteeseen? Varmaan ne ovat samat kuin monessa eurooppalaisessa maassa: kansainvälisen tason äärimmäinen kovuus, kestävyysjuoksun arvostuksen puute mediassa ja kumma usko siihen, ettei eurooppalainen voi menestyä kestävyysjuoksussa.

Tiedetään, ettei suomalainen perimä mihinkään ole kymmenessä vuodessa muuttunut, mutta ympäristö ja elämäntavat ovat. Perimän kannalta katsottuna suomalaisilla olisi mahdollisuudet samanlaisiin tuloksiin kuin lähes neljäkymmentä vuotta sitten.

Tästä on hyvänä esimerkkinä Jukka Keskisalo. Hänen Suomen ennätyksensä ja hyvät juoksut kertovat, mihin sinnikkäällä harjoittelulla päästään.

Valitettavasti kestävyysjuoksun arvonanto on muuttunut oleellisesti niin lasten vanhempien, voimisteluopettajien kuin peräti Olympiakomitean keskuudessa.

On myönnettävä, että tällä hetkellä eurooppalaisilla kestävyysjuoksijoilla on varsin vähäiset mahdollisuudet päästä olympiamitaleille. Jos mitään ei tehdä, eivät mitalit ole mahdollisia tulevaisuudessakaan. Eurooppalaisen kestävyysjuoksun menestymättömyyden syitä löytyy myös yhteiskuntarakenteiden muutoksista. Ne ovat johtaneet siihen, että Suomessa lasten perusliikkuminen on lähes olematonta.

Nekin nuoret, jotka harjoittelevat urheilua, liikkuvat huomattavasti vähemmän kuin vastaavan ikäiset 1960- luvun nuoret. Tämä tulee olemaan vielä ongelma, ei yksistään urheilussa yleensä, vaan myös tulevaisuuden työelämässä.

Holmèn kirjoittaa, että lahjakkaalla ja osaavalla, riittävästi tuetulla suomalaisella juoksijalla on mahdollisuus olympiamitaliin. Olen samaa mieltä, mutta se vaatii perusmahdollisuuksien luomista. Mitali on vuosien työn takana ja usean pakkaspäivän lenkin päässä. On muistettava, ettei kestävyysurheilu vaadi kalliita hallitiloja. Siihen käytetyt panostukset eivät ole myöskään hukkaan heitettyjä euroja, sillä niillä on pitempiaikainen vaikutus myös kansanterveyden kannalta.

Tämä tulee myös meidän kaikkien lisäksi koululiikunnasta vastaavien, Suomen Urheiluliiton ja Olympiakomitean muistaa.

Suurlupaukset

Nyt se sitten on tapahtunut. Se jota olen pitemmän aikaa pelännyt. Nimittäin Annemari Sandellin, tuon Suomen kestävyysjuoksun suurlupauksen, keväällä saama rasitusvamma on osoittautunut odotettua pahemmaksi. Sandellin osanotto Helsingin EM-kisoihin on lehtitietojen mukaan vaakalaudalla.

Olen mielenkiinnolla seurannut Annemarin kehitystä. Kolme vuotta sitten 14-vuotiaana Annemari juoksi 3000 metriä mahtavaan aikaan 9.26,43. Samana vuonna 31-vuotias Ritva Lemettinen juoksi parhaimmillaan matkan samoille lukemille.

Nyt 17-vuotias Annemari on kehittynyt varsin varhain kansainvälisen tason juoksijaksi. Tämän hetken 3000 metrin ennätyksellään hän olisi ollut muutamia vuosia sitten Euroopan mestari ja maailmanennätysjuoksija.

Tuusulan Kalevan Kisojen naisten 10 kilometrin ylivoimainen Suomen mestaruus, ennen kovia maratoonarinaisia Kirsi Rautaa ja Ritva Lemettistä, kertoi Annemarin hyvästä kestävyydestä ja kovasta harjoittelusta.

Nyt kun Annemarin vammat alkavat enemmin vaivata on jälkiviisauden aika. Ehkäpä harjoittelu ja kilpailuruljanssi niin nuorten kuin aikuisten sarjoissa ovat hentoiselle tytölle olleet liian kovaa ja kilpailumatkat turhan pitkiä.

Kalevan Kisojen katsomossa näin Ari Paunosen, nuorten Euroopan mestarin vuosien takaa. Paunonen oli 1970-luvun suomalaisen juoksun suurlupaus. Hänestä odotettiin Virenin ja Vasalan manttelin perijää, mutta yllättäen Arin juoksuvauhti alkoi hiipua. Ari on kertonut, että hänen ongelmakseen tuli kova näyttämisen halu. Omat kuin ympäristön vaatimukset kasvoivat liian suuriksi.

Hyrylän kentällä miesten 1500 metrin juoksussa vähemmälle huomiolle jäi kärjen takana juossut Turun Toverien Mika Maaskola. Maaskolasta odotettiin Paunosen jälkeen seuraavaa suomalaista suurjuoksijaa. Maaskola juoksi, kuusi vuotta sitten 21-vuotiaana 1500 metriä aikaan 3.38,50. Vielä sillin puhuttiin lupaavasta juoksijasta. Nyt häntä tuskin radalla huomattiin. Maaskolan ura, kuten niin monen urheilijan, katkesi erilaisiin vammautumisiin niin, ettei tilastoista löydy kahdelta viime vuodelta Mikan tulosta 1500 metriltä.

Tiedän, että Kirsi raudan, Päivi Tikkasen ja monien juoksijoiden ura ei ole ollut helppoa. Kirsi Raudan nousu EM-joukkueeseen parin vuoden takaisen autokolarin jälkeen on kova saavutus. Kolarissa Kirsi vammautui vaikeasti, mutta kuntoutti itsensä.

Toivottavasti myös Annemari Sandellin ja muiden nuorten lupaavien juoksijoidentaustajoukot huomaavat, että vammautumisista selvitään ja maltti on valttia myös kestävyysjuoksussa.

Kohti juoksuaikaa

Katson ikkunasta. Sataa tihuuttaa. Lämpötila on pari astetta plussan puolella ja pihallamme vesilätäkkö suurenee samalla kun lumikinokset pienenevät. En ole varma harmittaako minua lumien sulaminen vai olenko iloinen siitä, että kevät tulee. Kuntoilun kannalta vuodenajat antavat mahdollisuuden erilaiseen kuntoliikuntaan. Nyt elämme aikaa jolloin hiihtokausi on menneen talven lumien myötä ohi. Edessä siintää ensin juoksu- tai sanoisinko hölkkäkausi ennen pyöräilykauden alkua.

Tyytyväisenä talven hiihtotunteihini (kilometreistä en enää puhu), voin laittaa suksipussin varastoon ja kaivaa lenkkikengät esille. Joskus tulen miettineeksi, kuinka useita kuntoilujalkineita lenkkikenkieni lisäksi löytyy kaapistani. Pyöräily-, suunnistus-, hiihto- ja sisäpelikengät odottavat aina sulassa sovussa vuoroaan. Niiden käyttö myötäilee pitkälti vuodenaikoja.

Muistan, kuinka ollessani nuori, isäni osti minulle kotimaiset lenkkikengät. Antaessaan hän hymyili ja sanoi: "Näillä kengillä pystyy juoksemaan tuhat kilometriä." Sitten hän oli vaiti kuin epäillen, etten koskaan juokse niin montaa kilometriä. Kiiteltyäni laitoin kengät jalkaani ja lähdin juoksemaan kohden Talin golf-kenttää. Siinä kevätauringon lämmittäessä ja hien kastellessa paitani, tuhat kilometriä tuntui pitkältä matkalta, ja varsinkin jos tarkoitus oli se matka juosta.

Silloin elettiin 1960-luvun loppua. Suomalainen kestävyysjuoksu otti uudestaan askelia kohden kärkeä. Suomessa oli joukko juoksijoita ja valmentajia, jotka uskoivat, että suomalainen juoksija voi pärjätä kansainvälisillä kilpakentillä. Esimerkkinä oli Jouko Kuha joka heinäkuussa 1968 juoksi 3000 metrin esteiden maailmanennätyksen 8.24,2.

Kuhan ajalla oltaisiin viime vuoden Suomen estetilastossa oltu toisena. Kuha jatkoi uraansa vuosia. 21 vuotta MM-juoksun jälkeen hän juoksi esteet vielä 9.37,79. Tällä ajalla, silloin viisikymppinen Kuha olisi ollut viime vuonna estetilaston 14.

Toivottavasti Jukka Keskisalon viime kesän estesaavutukset luovat uutta uskoa suomalaiseen kestävyysjuoksuun.

Isäni ei silloin tossuja ostaessaan arvannut, että liikunnasta tuli juuri silloin tärkeä osa elämääni.

Nyt vuosia myöhemmin, ensimmäisten kunnon juoksutossujen, tuhansien juoksu-, hiihto ja pyöräilykilometrieni jälkeen tiedän, että kilometrejä ja sitä myötä kuntoa kertyy vain kun muistaa lähteä ulkoiluttamaan niitä kaapissa olevia urheilujalkineita.

Keväisin vuodesta toiseen, koen sen upean tunteen kun kenkä alkaa ponnistaessa pitää juoksuaskeleen alla. Vaikka askeleeni ovat yli neljässäkymmenessä vuodessa lyhentyneet, silti jokakeväisen riemu on säilynyt entisellään.

Muistojen valokuva

Tuijotan lehdessä olevaa valokuvaa mietteliäänä. Se on liki neljänkymmenen vuoden takaa, ajalta jolloin maassamme elettiin suuren kestävyysjuoksuinnostuksen aikaa. Olihan heinäkuussa Lasse Viren voittanut kaksi kultamitalia Montrealin olympialaisissa ja samalla juossut itsensä suurten suomalaisten urheilijoiden joukkoon.

Kuva on mustavalkoinen ja siitä aistii syksyn kylmyyden. Urheilukentällä on satakunta juoksijaa, osa paljain päin, osalla pipo päässään ja lähes kaikilla kotimaiset juoksukengät jaloissaan. Pukeutuminen ei ole kuten nykyisin: kenelläkään ei ole tiukkoja, ihonmyötäisiä juoksutrikoita ja teknisiä urheilupaitoja.

Katson kuvaa hymyillen. Joillakin juoksijoilla on sukkahousujen päälle laitettu urheiluhousut ja valkoisen t-paitaan pukeutuneella, hoikalla miehellä on leveä hikinauha.

Se oli 1970-luvun aikaa. Aikaa jolloin varusteet eivät olleet viimeisen päälle, mutta juoksuvauhti kovempaa kuin nykyisillä suomalaisjuoksijoilla. Elettiin suurta juoksuinnostusta.

SUL:n johdossa uskottiin, että vuosi vuodelta suomalainen kestävyysjuoksu tulee olemaan maailman huipulla. Juoksijat harjoittelivat kovaa ja paljon. Suurin osa heistä oli liikkeellä puhtaalla sydämellä ja rakkaudesta perinteikkääseen suomalaiseen urheilulajiin. Valitettavasti kaikki ei mene niin kuin elokuvissa. Kahdeksan vuotta myöhemmin vuoden 1984 Los Angelesin olympialaisissa alkoi suomalaisen kestävyysjuoksun Via Dolorosa. Matti Vainio jäi kiinni dopingin käytöstä. Tilannetta ei parantanut se, että kisojen jälkeen selitettiin, kuinka Vainion talonmies olisi antanut Vainiolle dopingainetta B-vitamiinipiikin sijaan. Tuskin kukaan uskoi selitystä, ja seurauksena oli alku suomalaisen kestävyysjuoksun alamäelle.

Sama kokemus koettiin paljon myöhemmin surulisten Lahden hiihdon MM-kilpailujen jälkeen: lajilta hävisivät kannatus ja sponsorointi.

Tutkin olenko valokuvan juoksijoiden joukossa, mutta en erota itseäni, en vaikka kuinka tihrustan. Vuosikymmenien aikana olen monet kisat kiertänyt, joka vuosi vain hiljenevällä vauhdilla.

Tärkein seikka on rakkaus lajiin ja usko juoksun liikunnalliseen merkitykseen ihmisen hyvinvoinnille. Juoksun vaikutuksen ovat nykyisin monet ihmiset huomanneet. Siitä ovat todisteena massatapahtumat, joissa on mukana tuhansia hölkkääjiä.

Miksi sitten maastamme puuttuvat todelliset huippujuoksijat, jotka tosissaan panostaisivat lajiin? Mahdollisuuksia pitäisi olla, sillä ei suomalainen perimä mihinkään ole muuttunut.

Miksi lähiseudulta ei löydy edes SM-maastojuoksuihin tai – viesteihin kunnolla joukkueita? Tosiasia on, että Suomen Urheiluliitto ei halua kehittää suomalaista kestävyysjuoksua. Helpompaa on menestyä keihäänheitossa, lajissa jota harrastetaan vain muutamissa harvoissa maissa.

Valokuvan oton hetki on kaukana menneisyydessä, eikä sellaista aikaa – vaikka kuinka toivon - Suomeen enää tule. Ei ainakaan SUL:n nykyisen johdon aikana.

21

Maratonunelma

Syksyllä eri puolilla maatamme järjestetään lukuisia isompia tai pienempiä maratonjuoksutapahtumia. Lokakuun alussa Tikkurilassa ratkaistaan maratonin Suomen mestaruudet ja Lohjalla taivalletaan viiden tunnelin maraton, johon osallistuu myös joukko Lehtiyhtymän Aapo kortin haltijoita.

Maratonjuoksijoiden lukumäärän on lisääntynyt Suomessa viime vuosikymmeninä huimaavasti. Joskus 1960-luvun lopulla maastamme löytyi kaikkiaan satakunta maratonjuoksijaa. Nyt vuosittain yli 10 000 suomalaista taivaltaa maratonin.

Tiedetään, että yli 42 kilometrin juoksemiseen vaaditaan hikeä, sitkeyttä ja lukuisa määrä harjoittelukilometrejä. Maratonin suorittamisesta on tullut, ei yksistään maassamme vaan maailmanlaajuisesti, niin miesten kuin naisten tavoite ja unelma. Esimerkiksi New Yorkin, Lontoon, Pariisin ja vaikkapa Tukholman maratonit keräävät tuhansittain kuntoilijoita mittaamaan omaa kestävyyttään. Joukko koostuu pääosin keski-ikäisistä kuntoilijoista.

Mikä saa tavallisen kansalaisen maksamaan lähes "maltaita" osallistumismaksuna tällaiseen kovaan suoritukseen, jonka jälkeen jalat ovat viikon turtana ja väsymys painaa koko kehoa.

Maratonjuoksuun on aina liittynyt mystistä sankaruutta. Ehkä kaiken lähtökohta on tarussa, jonka mukaan kreikkalainen sotilas Feidippides juoksi Marathonin kylästä Ateenaan ilmoittamaan persialaisten voittamisesta Marathonin taistelussa. Tarun mukaan sotilas kuoli Ateenaan päästyään.

Viime aikoina on myös eri TV- tosisarjoissa kuvattu, kuinka tavallisesta sohvaperunasta tehdään maratoonari alle vuoden harjoitusprojektilla. On totta, että terveellä ihmisellä maratoniin valmistautumiseen riittänee näinkin lyhyt aika. Varsinkin, jos tarkoituksena on

vain läpäistä matka alle kuuden tunnin, joka on usean maratonta-
pahtuman maksimiaika.
Miksi ihmiset hakevat tällaisia kovia suorituksia? Onko niin, että
nykyinen työelämä ei tarjoa riittävästi fyysistä ponnistelua? Toisaal-
ta, valmistautuminen juosten ja hölkäten pitkään juoksutapahtu-
maan - maratonille on oiva keino poistaa työelämästä koituvaa
stressiä.

Kummallista on, että kolmisen kymmentä vuotta sitten, asiantunti-
joina itseään pitävät lääkärit pitivät naisten osallistumista pitkiin
juoksutapahtumiin naisten terveydelle vaarallisena. Arvokisoissa
naiset ovat juosseet maratonin vasta vuoden 1983 Helsingin MM-
kisoissa. Silloin norjalainen Greta Waiz voitti mestaruuden ajalla
2.28.09.
Toivottavasti yhä useammalle suomalaiselle niin naiselle kuin mie-
helle tulee unelma maratonin juoksemisesta. Unelma antaa tavoit-
teen, vaikka itse maraton jäisikin juoksematta, siitä ei pidä lannis-
tua. Juoksuharrastuksesta tulisikin tehdä elämän mittainen mara-
tonunelma.

Mailista maratoniin

Stuttgartin yleisurheilun maailmanmestaruuskilpailujen seuraami-
sen lomassa luin kirjaa "Mailista maratoniin". Kirjan on kirjoittanut
vuonna 1937 Volmari Iso-Hollo, mies joka juoksi matkat mailista
maratoniin.

Kirja on hyvä kuvaus suomalaisen kestävyysjuoksun suuruuden al-
kuajoista 1930-luvulla. Toisaalta kirjasta huokuu, tämän päivän ur-
heilun palkintorahoihin ja urheilijoiden ajankäyttöön verraten, naiivi
usko amatööriurheiluun sekä urheilun puhtauteen.
– Tahdon väittää nimenomaisesti, että tähtiurheilijaksi voi tulla
olematta ammattilainen siis pyrkimättä vain tähän ainoaan päämää-

rään. Urheilulla on vain silloin oikeutensa, kun se hyödyttää eheästi ihmisen koko elämää ja kehitystä, Iso-Hollo toteaa kirjansa alkukappaleessa. Valitettavasti ne ajat ovat takana.

Kirjan tekijä Iso-Hollo, kaksinkertainen olympiavoittaja, oli kirjaa kirjoittaessaan 30-vuotias. Hän oli voittanut vuonna 1932 Los Angelesin olympialaisten historiallisen 3000 metrin estejuoksun, jossa järjestäjät tekivät virheen juoksuttamalla estejuoksijoita yhden kierroksen liikaa. Berliinin olympialaisissa vuonna 1936 hän saavutti 10 000 metrillä pronssia Ilmari Salmisen voittaessa ja Arvo Askolan ollessa hopealla. Iso-Hollo uusi Berliinissä lisäksi 3000 metrin estejuoksun voiton uudella maailmanennätyksellä 9.00,8.

Vaikka "Mailista maratoniin" kirjan kirjoittamisesta on kulunut vuosia, löytyy siitä monta hyvää ajatusta sovellettavaksi tämän päivän urheiluun.

Samana päivänä kun Jani Lehtonen tippui jatkosta Stuttgartin seiväskarsinnassa luin Iso-Hollon yli viisikymmentä sitten kirjoittamia ohjeita nuorille urheilijoille.

– On muistettava, että harjoitusten suunnitelmallisuus ja järkevä hermovoimien hallinta on urheilijalle vähintään yhtä tärkeätä kuin fyysisen kunnon saavuttaminen, näin siis Iso-Hollo reilu puoli vuosisataa sitten.

Iso-Hollo korostaa kirjassa useassa eri yhteydessä nykyisin unohdetun voimistelun merkitystä kunnon ja liikkuvuuden kehittämisessä. Hän luo käsitteet; terveysurheilu ja tähtiurheilu.

– Luonnollista onkin, että urheillaan sekä ruumiin että sielun terveydeksi, olipa sitten kysymys mistä urheilusta tahansa, Iso-Hollo kirjoittaa.

Keravan kaupungin täyttäessä 70- vuotta paljastetaan Keravalla kuvanveistäjä Erkki Kantosen veistämä näköispatsas vesiestettä ylittävästä keravalaisesta suurjuoksijasta Volmari Iso-Hollosta. Iso-Hollo joka oli eittämättä 1930-luvun maailman paras estejuoksija, toivoi: "pidetään huolta siitä, että nuorison urheiluinnostus ei pääse laskeutumaan vaan että se aina kasvaa ja vahvistuu."

Mestarijuoksijan toivomukseen, että Suomesta löytyy myös tulevaisuudessa juoksijoita mailista maratoniin, tulee löytyä myös yhä enemmän innostuneita vetäjiä, urheilijoita ja kunnon urheilupaikkoja.

Unohdetut sankarit

– Urheilu on kovaa raakaa kilpailua ja siksi se vaatii toisinaan raskaat huvit, luen "Juoksun hurma ja tuska" kirjasta. Tämän tekstin on kirjoittanut takavuosien juoksijalupaus Kristiina Iisakkila.
Istun kirjan julkistamistilaisuudessa.

Muistan, että Kristiina juoksi 17-vuotiaana 10 000 Suomen mestariksi SE-aikaan 33.21,15. Hänen lupaava ura katkesi jalkavammoihin. Myöhemmin lääkäriksi valmistunut Kristiina kertoo, että lyhyeksi jäänen uran aikana, hänen jalat leikattiin kolmetoista kertaa.

Nostan katseeni kirjasta ja näen, kuinka Kristiinan vieressä istuu toinen aikansa juoksusankari Ari Paunonen. Paunosella on miesten 3000 metrinjuoksun Suomen ennätys 7.43,2. Arin ennätyksen uhkaajia ei viime vuosina ole näkynyt. Kristiinan ennätyksen rikkoi Anne-Mari Sandell. Myös Ari on kirjoittanut kokemuksistaan suomalaista kestävyysjuoksua kuvaavaan kirjaan.

Katselen mietteliäänä Kristiina ja Aria. Ovatko he katkeria? He panostivat kaikkensa huippu-urheilulle. Huomaan, että nyt heillä on tullut tilinteon hetki. Aistin, että Kristiina on katkera. Ari näyttää rauhalliselta, mutta hiukan pettyneeltä.

– Tänä vuonna ei minkään kirjan julkistamistilaisuudessa ole ollut näin paljon kiinnostusta, sanoo pöydän vieressä seisova kustannusyhtiön edustaja.

– Juoksu on perinteisesti suomalaisille tärkeä urheilulaji, hän jatkaa. Edustajan puheesta käy ilmi, kuinka suomalaista kestävyysjuoksua on tarkasteltu aikaisemmin vain henkilökuvin. Selailen kirjaa enkä kuule, miten mies jatkaa puhettaan. Kirjan teema on lähestyä juoksua numeroiden ja tulosten takaa. Huomaan, että kirjan kirjoittajaluettelossa vilisee paljon tuttuja ja tuntemattomia nimiä. Nostan katseeni kun kirjan toimittanut Erkki Vettenniemi nousee puhumaan.

– Suurten suomalaisten juoksijoiden tarina on lopussa, hän sanoo provosoivasti.

– Tämä kirja ei voi pelastaa tai puhdistaa suomalaista juoksua vaan tutkailee, miten tähän on tultu. Ari Paunonen olet kirjoittanut, että Suomen kansa on saanut sellaiset sankarit kuin se on halunnut: Sohvalla kaljaa kittaava ja formulaa tuijottava kansalainen tuskin levittää ympärilleen sellaista urheiluinnostusta, mitä tarvittaisiin kenialaisten lyömiseen, Vetteniemi sanoo katsoen Aria.

Ari ei aluksi sano mitään. Tiedän, että hänen mielestä juokseminen on urheilumuoto, jossa kulloiseenkin elämäntilanteeseen löytyy sopivia tavoitteita läpi vuosikymmenten. Hänellä on myös vankka usko siitä, että suomalainen juoksijatähti on jo syntynyt.

– Kestävyysjuoksu ei kuole Suomesta eikä maailmasta, Ari sanoo lopulta.

Toivon hänen olevan oikeassa

Mistä löytyy uusi Lydiard?

Siitä on kauan kun Arthur Lydiard, tuo uusiseelantilainen kestävyysjuoksuvalmentajavelho, palkattiin pelastamaan maamme kestävyysjuoksun tasoa. Ennen Suomeen tuloaan vuonna 1967 Lydiard tunnettiin muun muassa olympiavoittajien Peter Snellin ja Murray Halbergin valmentajana.

Vaikka Lydiardin Suomen aikaa kesti vain parisen vuotta, hän sai aikaan innostuksen, jonka avulla 1970-luvulla maamme kestävyysjuoksun taso nousi maailman huipulle.

Joulukuussa tulee kuluneeksi 10 vuotta Lydiardin kuolemasta ja kesällä tuli kuluneeksi 30 vuotta suomalaisen kestävyysjuoksun alamäen alkamisesta. Nyt näyttää, muutamaa harvaa poikkeusta lukuun ottamatta siltä, että kestävyysjuoksun tason alamäki vain jatkuu.

Valitettavasti on havaittavissa, ettei maassamme haluta oikeasti kehittää perinteistä lajia, jossa menestystä on tullut enemmän kuin monessa nykyisin julkisuudessa hehkutettavissa lajeissa yhteensä. On annettu periksi. Miksi? Onko SUL:n ainoa kestävyysjuoksutavoite tehdä massajuoksutapahtumilla rahaa?

Lydiardin saapuessa maahamme vuonna 1968 Suomesta löytyi maratonjuoksijoita satakunta. Tänä vuonna yksistään Helsinki City maratonin juoksi liki 3 900 henkilöä. Maratoonarien määrä on menneiden vuosien aikana lisääntynyt huomattavasti, mutta taso samassa suhteessa laskenut. Nykyisin maamme juoksutapahtumiin osallistuvat ovat keski-iän kynnyksellä olevia kuntoilijoita, joiden ainoana tavoitteena on - sinänsä hyvä asia – omasta kunnostaan huolehtiminen.

Valitettavan vähän löytyy henkilöitä, jotka haluaisivat tähdätä tavoitteellisesti kohti maamme, Euroopan tai peräti maailman huippua. Lähes suurennuslasilla saa etsiä myös henkilöitä, jotka haluaisivat kehittää nuorten kestävyysjuoksuharrastusta.

Entäpä jos jokainen kuntomaratoonari ottaisi edes yhden nuoren kaverikseen lenkille ja kertoisi, kuinka hieno ja kuntoa kohottava laji kestävyysjuoksu on. Sitä paitsi laji ei maksa harjoittelijalleen juuri mitään, kuten niin monet nyt muodissa olevista urheilulajeista.

Suomalaisen kestävyysjuoksun tason nousu 1970-luvulla perustui pitkälti siihen, että oli suuri määrä nuoria juoksijoita, jotka uskalsivat juosta vähintään 160 kilometriä viikossa. Lydiardin metodin mukaan jopa mailerin täytyi, jotta menestyisi, harjoitella tämä juoksumäärä. Lydiardin oppeja silloin soveltaneet valmentajat Rolf Haikkola ja Kari Sinkkonen saivatkin luotoa menestyneitä juoksijoita.

Maamme kestävyysjuoksun tason nostaminen tarvitsee uuden "Lydiardin". Tämän henkilön tulisi luoda Lydiardin tapaan rohkaisun ilmapiiri kiertämällä seuroissa. Lisäksi hänen tulisi luoda uskoa valmentajiin.

Varmaa on, ettei suomalainen perimä ole mihinkään muutamassa kymmenessä vuodessa muuttunut ja maastamme löytyy kestävyysjuoksuun lahjakkaita nuoria.

Kestävyysjuoksun aika

Heinäkuun 17. päivä 1968 on suomalaisen kestävyysjuoksun merkkipäivä. Se on osa suomalaisen urheilun historiaa. Kuten tänään, ei myöskään 1960-luvulla eletty Suomessa kestävyysjuoksun loistoaikaa. Esimerkiksi Maailmankisoissa oli turhauttavaa katsella kun australialainen "erämaan pikajuna", maailmanennätysjuoksija Ron Clark ohitti 10 000 metrin juoksussa kierroksella parhaan suomalaisjuoksijan.

– Jospa koittaisi vielä se aika, että nähdään suomalainen juoksija maailman huipulla, isäni sanoi silloin murheellisena. Hän oli nähnyt Paavo Nurmen ja muut entisajan huiput.

Tänä vuonna Maailmankisoista puuttuivat kokonaan vitosen ja kympin kilpailut. Se kertoo ajan suhtautumisesta kestävyysjuoksuun. Valitettavasti kovaa fyysistä ponnistusta ja asketismia vaativat lajit eivät ole nuorisomme suosiossa. Onko nuorisostamme tehty "pullamössöporukkaa"?

Uusi idea ei ole se, että palkataan ulkomaalainen valmentaja kohentamaan suomalaisten uskoa juoksu-urheiluun. Nyt on vuorossa kenialaisvalmentaja Mike Koskei. Hänen tehtävänään on nostaa juoksuinnostus maassamme. Myös 1960-luvun lopulla Suomen Urheiluliitto palkkasi uusiseelantilaisen Arthur Lydiardin parantamaan kestävyysjuoksun. Koskeille näyttää käyvän samoin kuin Lydiardille; tulokset tulevat vasta muutaman vuoden kuluttua, aikaan jolloin mies on joutunut poistumaan maastamme.

Toivottavasti vielä koittaa samanlainen hetki kuin oli heinäkuun 17. päivänä olympiavuonna 1968. Silloin kuultiin kummia. Tukholman olympiastadionilla oli Kaipolan Vireen, askeettista elämää ulkomailla viettänyt Jouko Kuha kiitänyt 3000 metrin esteissä uuden maailmanennätyksen 8.24,2.

Kuha uskoi kovaan ja tinkimättömään harjoitteluun. Hän rikkoi belgialaisen Gaston Roelantsin ennätyksen reilulla kahdella sekunnilla. Siitä päivästä alkoi kestävyysjuoksun uusi nousu maassamme. Kuhan juokseman ME-aikaan ei muutamaan vuoteen ole yltänyt yksikään suomalainen estemies. Silti uskoa ja kovaa harjoittelua suomalisessa kestävyysjuoksussa tarvitaan.

Kiristä vauhtia silloin kun kilpakumppanista tuntuu pahalta, kuului kansakoulun opettajani neuvo. Hän kertoi, että kun itseltä tuntuu pahalta, niin ei kilpakumppanillakaan ole helppoa. Tämä neuvo, valmistautuessani ensimmäisiin koulujenvälisiin maastojuoksukilpailuihin, on jäänyt mieleeni.

Kestävyysjuoksussa ei ole helppoa tietä huipulle. Johtaako se maailmalla joidenkin osalta vilpin käyttöön? Sitä emme varmuudella tiedä. Epäilyksen varjo lankeaa kuitenkin monien tulosten ylle.

Juoksemaan ei opi kuin juoksemalla ja tinkimättömällä harjoittelulla. Toivottavasti koittaa aika, jolloin suomalainen kestävyysjuoksija, puhtaan reilun urheilun, korkeimmalle palkintopallille.

Kenialaisoppeja

Maailman erä menestyksekkäimpiä juoksuvalmentaja Mike Kosgei katsoo turkulaisen kokoushuoneen televisiota tyytyväisen näköisenä. Televisiokuva kertoo kuinka kenialaiset juoksijat: Ngugi, Kirui, Ereng, Koncellah, Celimo, Ondieki, Ruto ja monet muut kenialaisjuoksijat kiitävät voitosta voittoon.

Video loppuu ja Mike Kosgei nousee ylös ja kävelee kokoustilan piirtoheittimen luo.

— Sambo, tämä tarkoittaa kenialaista tervehdystä, Koskei aloittaa esitelmänsä.

Turussa ei ole suurta kiinnostusta kenialaisoppeihin, sillä kokoushuoneessa on vain kymmenkunta henkilöä kuuntelemassa, miten kenialainen sampo jauhaa huippujuoksijoita.

Kosgei, jonka ura alkoi 1985 kenialaisten juoksijoiden päävalmentajana, kertoo koulujärjestelmän Keniassa olevan periaatteessa samanlainen kuin Suomessa. Silti suuria eroja löytyy, kuten maiden välisessä kestävyysjuoksutasossa.

– Kenian koulut ovat takaamassa maan juoksumenestystä. Opettajat ohjaavat lahjakkaat juoksijat juoksuvalmennukseen. Kuluissa on mahdollisuus harjoittaa jopa kolme tuntia päivittäin liikuntaa. Menestystä ja jatko-opintoja haluavat kenialaisjuoksijat siirtyvät USA:n yliopistoihin opiskelijoiksi. Oppivelvollisuuden jälkeen muut juoksijat siirtyvät armeijan, poliisin tai vankeinhoidon palvelukseen.

Huomaa selvästi, että Koskei tietää mistä puhuu. Hänellä on myös omakohtainen kokemus juoksuun. Hän on juossut 800 metriä aikaan 1.46 ja maraton on taittunut aikaan 2.23.

– Minun täytyi kokeilla valmennusmenetelmiäni käytäntöön, Koskei selvittää maratonjuoksukokeiluaan.

Hän korostaa, että kenialaisjuoksijoiden menestys perustuu kurinalalaiseen harjoitteluun. hän näyttää kenialaisten kolmen viikon harjoitusohjelman ennen mastojuoksun MM-kilpailuja. Ohjelma näyttää kovalta; ennen aamiaista (aamu kuudelta) on aamulenkki. Lisäksi kenialaiset tekevät päiväharjoituksen ja iltaharjoituksen. Ohjelmaan kuuluvat vielä Koskein tärkeinä pitämät lihasten venyttelyohjelmat.

– Hieronta ei ole meille tärkeää, Kosgei painotta.

Suomalaisten koko vuodesi laatimat harjoitusohjelmat saavat Kosgein pudistelemaan päätään.

– Kolme viikkoa pidempää harjoitusohjelmaa ei kannata laatia.

Kenialaisten kestävyysjuoksuohjelmassa pääperiaatteena korostuu maastojuoksun tärkeys. Siitä suomalaisten tulisi ottaa oppia. Koskei puhuu kenialaisten yhteisharjoittelusta, joukkuehengestä,

joukkuehengestä ja siitä, että valmentajan on todella tunnettava juoksija.

– Juoksemisesta ei pidä tehdä vaikeaa, sillä kaikki osaavat juosta. Suomalaisten on turha uskoa, että kenialaiset ovat ainoita, jotka sitä osaavat, Koskei muistuttaa lopuksi.

Afrikkalainen "lähetyssaarnaaja"

Suomeen palkattu afrikkalainen "lähetyssaarnaaja" istuu minua vastapäätä. Mies on minua lyhempi, mutta teoiltaan suurempi. Samalla kun katson kunnioituksella tätä maailmankuulua kenialaista, mietin, miksi paikalla ei ole kuin muutama kuuntelija. Oivallan, että aihe ei kiinnosta tämän päivän ihmisiä. Parikymmentä vuotta aikaisemmin hänellä olisi ollut kymmeniä jopa satoja kuuntelijoita.

Muistan kuinka neljännesvuosisata sitten, Savon tulisieluista Leevi Seppästä oli Helsingissä kuuntelemassa täysi sali. Ymmärrän, että elämme nyt täysin eri aikaa, aikaa jolloin formulat, lätkät ja muut arvot merkitsevät enemmän.

Tapasin kenialaisen Turussa pari vuotta sitten. Silloinkin häntä oli kuulemassa vain kourallinen ihmisiä. Nyt paikalla on sentään pari paikallislehden toimittajaa ja muutama asiasta muuten kiinnostunut. Vähäinen kuulijakunta ei näytä masentavan miestä, vaan hän puhuu innostuneesti. Hän painottaa, kuten aikaisemmallakin kerralla kurinalaisuutta. Miehen valkoiset hampaat loistavat tummien kasvojen keskellä kun hän sanoo, että suomalaisilta puuttuu usko ja luottamus.

– On löydettävä into ja innostus, hän sanoo. – Afrikkalaiset ovat paljon köyhempiä kuin eurooppalaiset. Se pistää yrittämään, hän vastaa kun kysyn, mikä on afrikkalaisten salaisuus. Tiedän, että hänen vastauksensa sisältää vain osatotuuden.

– Afrikkalaisilla on korkea motiivi, kivunsietokyky ja erilainen asenne, hän sanoo.

Mustan miehen puheesta käy ilmi, että Euroopan korkea elintaso on ollut pilaamassa eurooppalaisen nuorison mahdollisuuksia. katson miestä tarkkaan, kun hän sanoo, että Keniassa uskotaan tiimityöskentelyyn. Hän korostaa, että vetäjän on oltava aina läsnä ja tunnettava valmennettaviensa taustat.

– On tiedettävä kaikki kotioloista lähtien, hän painottaa.

Puhe siirtyy suomalaisiin. Hän toteaa, että tällä hetkellä Suomen nuorista löytyy muutamia, joilla on mahdollisuuksia saavuttaa afrikkalainen taso, mutta se vaatii vielä aikaa.

– On tehtävä tiimejä ja käytettävä luontoa apuna.

En kysy tältä eräältä maailman menestyksekkäimmältä juoksuvalmentajalta Mike Kosgeilta, mikä hänellä meni kotimaassa pieleen, ennen kuin hän siirtyi Suomeen. Kosgeilla olisi siihen monia vastauksia. Hän valmensi kenialaisia maailman parhaita juoksijoita vuodesta 1985 liki kymmenen vuoden ajan. Nyt hän yrittää samaa Suomessa, maassa jolla on mahtava kestävyysjuoksuperinne, maassa, jossa vähän nuoria, joilla löytyy sisua lähteä vaativan urheilulajiin pariin.

Lähtiessäni tilaisuudesta mietin, missä olivat paikkakuntamme juoksuvalmentajat. Vai eikö heitäkään enää ole olemassa?

.....

PIKAJALKAA LENKILLE

Huono asenne on kuin tyhjä rengas. Mihinkään ei pääse,
jos sitä ei vaihda.
– Tuntematon

Pyörällä päästä(än)

Minun täytyy myöntää, että olen pyörällä päästäni. Sen olemme kyllä huomanneet, moni varmaan sanoo. Polkupyöräilykausi lähestyy kovaa kyytiä lumien sulamisen myötä. Olen intoa täynnä siitä, että voin tuoda ulos polkupyöräni ja lähteä kurvailemaan pitkin uusmaalaisia teitä. Samalla, kun poljen kauniiden maisemien halki, saan itselleni kuntoa. Pyörällä voin toisaalta ajaa rauhallisesti maisemia katsellen tai sitten hikoillen ja kuntoa kohottaen.

Tiedän, että pyöräily on monipuolista ja tehokasta liikuntaa. Se ei rasita niveliä eikä jalkoja samalla tavalla kuin esimerkiksi juoksu. Se sopii myös juoksijoille korvaavana harjoituksena varsin hyvin. Liikuntaharrastusten joukossa pyöräily sijoittuu massamme kärkipäähän. Aikuisten suosituimpia liikuntalajeja ovat kävely, pyöräily ja kuntosaliharjoittelu. Alle 18-vuotiaiden keskuudessa pyöräily kuuluu suosituimpien liikuntamuotojen joukkoon.

Viime vuosina on ollut havaittavissa selvää kasvua pyöräilyharrastuksen suhteen. Pyöräilyn kuntotapahtumissa osanottajamäärät ovat lisääntyneet. Samoin on uusia kuntotapahtumia syntynyt.

Suomessa pyöräilyllä on pitkät perinteet, mutta pyöräilykulttuuri maassamme tuntuu vielä elävän lapsen kengissä. Kilpaurheilumuotona laji on ollut varsin pieni eikä kansainvälistä menestystä ole juurikaan tullut. Osittain menestymättömyys johtunee maamme pohjoisesta sijainnista, mutta se ei voi olla koko totuus, sillä esimerkiksi norjalaisia löytyy maailman parhaiden ketjunpyörittäjien joukosta.

On hienoa, että suomalaista nuorisopyöräilyä on alettu viemään eteenpäin. Moni pyöräilyseura tekee hyvää työtä ja myös Finncycling-yhdistyksellä on tarkoitus nostaa kilpapyöräilyn arvoa Suomessa. Yhdistyksen perustajajäsenet ovat kaikki omalla kilpapyöräilyurallaan kansanvälistä menestystä saavuttaneita entisiä huippupolkijoita. Heihin kuuluvat esimerkiksi Jussi Veikkanen, Kjell Carström, Charly Wegelius ja Joona Laukka. Toivottavasti tulevaisuudessa näemme lisää kovia pyöräilijöitä kansainvälisissä arvokisoissa.

Asia, josta joutuu vuodesta toiseen muistuttamaan, on se, kun maamme liikenteessä vallitsee kummallinen suhtautuminen pyöräilijöihin. Moni autoilija, nähdessään pyöräilijän, menee jollain tavalle pyörälle päästään. Autoilija ei huomioi pyöräilijän turvallisuutta vaan ajaa tahallaan vain muutaman kymmenen senttimetrin päästä pyöräilijästä. Olen usein polkiessani kokenut, kuinka autoilijat suorastaan suhtautuvat vihamielisesti pyörällä liikkuviin. Miksi? Eikö olisi hienoa, jos maassammekin noudatettaisiin liikenteessä hyvää yhteispeliä kaikkien liikennemuotojen kesken?

Suomessa on yli sata pyöräilyseuraa ja monia erillisiä porukoita, joissa retkiä ja lenkkejä ajaa tuhansia pyöräilijöitä mukavia reittejä ja pyöräilytaitoja oppien. Olen varma, että tulevanakin kesänä pyöräillen päästään vielä pitkälle ja korkealle.

Pyöräilyn vaarat

Keskustelimme kahvitauolla Ranskan ympäriajosta, sen vaativuudesta ja siitä kuinka pyöräily on yleensäkin kova urheilumuoto. Puhuimme myös, kuinka Euroopassa arvostetaan pyöräilyä.

Äkisti taaempana istunut insinööri korotti ääntään:

– Minä ajan autolla mahdollisimman läheltä jokaista pyöräilijää, joka ajaa maantiellä, jos vain vieressä on pyörätie. Pidän varani, ettei autoni naarmuunnu.

Insinöörin ääni oli kiukkuinen ja hänen ilmeensä kertoi pyhää vihaa pyöräilijöitä kohtaan. Katsoin ihmeissäni ennen niin niin viisaana pitämääni miestä ja mietin, mitä hänelle sanoisin. Sitten ajattelin, mikä ihme meihin fiksuihin suomalaisiin menee liikenteessä. Katsoin insinööriä silmiin:

– Mitä varten teet niin?

– Ei niillä ole oikeutta ajaa maantiellä, jos niitä varten on pyörätie rakennettu, hän sanoi.

– Olet ihan oikeassa. Periaatteessa heillä ei siihen todellakaan ole oikeutta. Miksi sinun pitää vaarantaa heidän henkensä?

Insinööri oli hetken hiljaa ja huomasin, kuinka hänen poskilleen nousi kiukun puna.

– Minua ottaa ne niin päähän!

Kokemuksesta tiesin, ettei insinööri ollut ainoa, joka suhtautui samalla lailla pyöräilijöihin. Monilla pyörälenkeilläni olin joutunut samanlaisen kohtelun uhriksi.

– Oletko koskaan ajanut päin punaista tai ylinopeutta? Oletko koskaan ohittanut pysähtymättä suojatien eteen pysähtyneen auton?

Insinööri katsoi minuun kummastuneena. Ikään kuin kysymykseni olisi jotenkin väärä, eikä kuuluisi aiheeseen. Kun hän ei sanonut mitään, jatkoin uudella kysymyksellä:

– Vaarannatko samalla tavalla muidenkin kuin pyörällä liikennerikkomuksia tekevien hengen?

– Pyöräilijöillä ei ole oikeutta ajaa maantiellä, jos pyörätie on tein vieressä. Sitä paitsi ne haittaavat liikennettä, insinööri intti itsepintaisesti, eikä vastannut kysymykseeni.

Mietin hetken, miten selittäisin asian niin, että insinöörikin sen ymmärtäisi.

– Jos alueella on 50 km:n nopeusrajoitus ja joudut ajamaan 200 metriä pyöräilijän takia 25 kilometrin tuntivauhtia, matkaasi menee noin 15 sekuntia enemmän aikaa.

Insinöörin kasvoilla puna lisääntyi ja huomasin, että minun oli turha hänelle mitään selittää. Hän katsoi minua vain oudon vihamielinen ilme kasvoillaan. Se varmaan johtui siitä, että hän tiesi, että minäkin ajoittain poljen maantiellä, vaikka pyörätie olisi vieressä. Niin minulla kuin monella muullakin on siihen syymme. Ja ne liittyvät aina turvallisuuteemme. Pyörätie on monesti huonokuntoinen, siinä on paljon risteyksiä, jalankulkijoita, lasinsiruja ja muita vaaratekijöitä.

Ennen kuin lähdin takaisin työhuoneeseeni, en malttanut olla vielä sanomatta:

– Tiedätkö, että liikennevalvonta kuuluu poliisille, samoin rangaistusten jakaminen niille, jotka aiheuttavat vaaratilanteita liikenteessä.

Miksi pyöräilijää vihataan?

Viime päivinä julkisuudessa on käyty kovaa keskustelua pyöräilystä ja pyöräilijöiden sekä autoilijoiden käyttäytymisestä liikenteessä. Keskustelussa on ollut havaittavissa jopa vihapuheen ja -tekojen tunnusmerkkejä pyöräilijöitä kohtaan. Miksi?

Monet liikunnan asiantuntijat sanovat, että pyöräily on hieno kuntoliikuntamuoto. Erään pyöräilyseuran nettisivuilla todetaankin: " Pyörä on äänetön, edullinen, tilaa, materiaaleja ja energiaa säästävä, saastuttamaton, terveellinen ja kuntoa kohentava sekä kaupungissa myös erinomaisen nopea kulkuväline."

Tiedetään, että pyöräilyn lisääntymisen myötä ihmisten terveys kohentuu. Liikunnan ja pyöräilyn edistäminen onkin osa laajempaa terveyden edistämistä. Tässä terveyden edistämisessä on pyöräilyharrastuksen turvalliseksi tekemisellä oma roolinsa. Turvallisuutta voidaan lisätä oikealla liikennesuunnittelulla, mutta se ei yksin riitä. Tiedän ajokortin suorittaneena, että pyöräilijää koskevat liikennesäännöt siinä kuten autoilijaakin ja kärkikolmiot sekä stop-merkit on huomioitava.

En usko, että tieliikenneonnettomuudet vähenevät pelkästään sillä, että opetellaan liikenne- ja väistämissääntöjä. Turvallisuuden lisäämisessä kysymys on paljolti meidän jokaisen asenteesta liikenteessä. Kysymys kuuluukin; olemmeko muista piittaamattomia omista oikeuksistamme kiinni pitäviä vai toisiamme huomioivia tien käyttäjiä? Onnettomuustilastot kertovat karua kieltään. Lehtitietojen perusteella tieliikenteessä menehtyneiden määrä tullee vuonna 2014 olemaan noin 226 ihmistä, joista 24 on pyöräilijöitä. Suurin osa pyöräilijöiden onnettomuuksista on pyöräilijän ja ajoneuvon risteysonnettomuuksia. Tiedetään myös, että monessa tapauksessa pyöräilijän olisi pelastunut, jos hänellä olisi ollut kypärä päässään.

Onko niin, että tänä päivänä suomalaisessa liikennekulttuurissa vallitsee kuitenkin vielä niin sanottu vahvemman laki. Se, jolla on suurempi ajoneuvo, dominoi pienempiään.

Pyöräilyä harrastavana autoilijana ja kuntoilijana olen havainnut, kuinka autoilijat pyrkivät "ojentamaan" minua, jos en aja pyörälläni aivan liikennesääntöjen mukaisesti. Monesti autot ohittavat aivan liian läheltä ja minulle jää tunne, ettei autoilija piittaa turvallisuudestani. Miksi?

Omasta kokemuksestani voin sanoa, että pyöräily on pääsääntöisesti kuitenkin hauska ja miellyttävä tapa liikkua ja kuntoilla. Voisimmeko jokainen liikenteessä oppia huomioimaan toisemme paremmin? Turvallinen liikenne on pitkälti yhteispeliä, toistemme huomioimista, ei oikeuksistamme jääräpäisesti kiinni pitämistä.

Minulla on myös unelma siitä, että ottaisimme ajatteluumme nollatapaturmaamallin, jossa ei minkäänlaista onnettomuutta hyväksytä ja yhtään pyöräilijää ei liikenteessä kuolisi.

Eläköön pyöräilijä

Tilanne oli tiukka, sillä minulta meinasi lähteä ainoa henkeni. Kärkikolmion takaa tullut kuorma-auto aikoi -kylmän rauhallisesti- ajaa ylitseni. Onneksi ehdin pyörineni väistää ja onnella säilyin tällää kertaa elävien kirjoissa. Yhtä asiaa tapauksessa en vain ymmärrä. Miksi autokuski heristi minulle nyrkkiä? Minultahan se henki meinasi lähteä eikä häneltä! Vastaavia lähetä piti tapauksia on sattunut usein minulle ja muille polkupyörällä liikkujille. Monesti juuri niin sanotut "ammattikuljettajat" ovat toisena osapuolena. Miksi? Viime vuonna kuoli maassamme 59 pyöräilijää. Vastaavasti vuonna 1989 lähti henki 109 pyöräilijältä. Nyt tavoitteeksi on asetettu, että vuonna 2005 tapahtuisi enintään 35 pyöräilykuolemaa. Siis tavoite sallii pyöräilijöiden kuoleman.

Ehkäpä minut Korsossa melkein yli ajellut kuormurikuski (jota missään nimessä en sano ammattiautoilijaksi) oli ymmärtänyt tavoiteasettelun omalla omituisella tavallaan ja metsästi yliajettavia.

Tiedetään, että liikenteessä autonkuljettajien väistämiskäyttäytymiseen vaikuttaa niin sanottu psykologinen etuajo-oikeus. Tämä oikeus korostuu varsinkin pyöräilijän ja autoilijan kohdatessa, sillä pyöräilijä ei ole autolla ajavalle fyysinen uhka.

Useat pyöräilijät ajavat autolla jopa kymmeniä tuhansia kilometrejä vuodessa. Nämä pyörällä liikkuvat autoilijat tuntevat myös keskimäärin yhtä hyvin liikennesäännöt kuin tavalliset autokuskit. Mutta, miksi pyörällä liikkuessaan he joutuvat hengenvaaran kuin autolla ajaessaan?

Nyt pikaisesti olisi jotain tehtävä pyöräilijöiden turvallisuuden lisäämiseksi.

On selvää, että pyöräilijöiden turvallisuutta ei voida lisätä sääntömuutoksin. Kysymys on enemmänkin asennekasvatuksesta. Kasvatuksen ohessa tulee liikenteen turvallisuutta ja sujuvuutta parantaa tekemällä myös suosituille pyöräreiteille yhtenäiset pyörätiet. Turvallisuuteen panostamista puoltaa se, että pyöräily on eräs suosituimmista liikuntamuodoista maassamme. Tällä hetkellä suomalaiset pyöräilevät arviolta kymmenyksen matkoistaan. Liikenneministeriön pyöräilytyöryhmä esittää, että neljännes kaikista matkoista tehtäisiin pyörällä jo vuonna 2005.

Laskelmien mukaan pyöräilyn kaksikertaistuminen toisi yhteiskunnalle satojen miljoonien markkojen vuosisäästöt, sillä autoilun haitat vähentyisivät ja lisääntynyt liikunta alentaisi sairaskuluja. Tutkimusten mukaan jo puolen tunnin kohtuullisen rasittava liikunta päivässä pitää kuntoa yllä. Esimerkiksi työmatkapyöräilyn tai lyhempienkin polkemisesta on kunnolle selvästi hyötyä. Elleivät autoilijat sitten telo pyörällä liikkuvia.

On selvää, että myös pyöräilijät eivät osaa käyttäytyä aina oikein. Ongelmia tulee, missä jalankulkijat ja pyöräilijät liikkuvat yhteisillä väylillä. Tällaisessa tilanteessa pyöräilijä on vahvempi osapuoli, jonka tulee muistaa vastuunsa.

Oikea pyöräilykulttuuri tuleekin opettaa kouluissa. Opetus ei saa olla pelkästään liikennesääntöjä vaan myös sitä, miten pyöräilijään tulee liikenteessä oikein suhtautua.

Toivoa sopii, että autoilijat eivät törmäilisi pyöräilijöihin. Jos he eivät pyöräilijöistä välitä, niin välittäisivät edes siitä, ettei autoon tulisi rumia naarmuja ja turhia verijälkiä.

Loppuvuoden mottona tulee olla "eläköön pyöräilijä" ja tavoitteeksi nolla pyöräkuolemaa.

Yritetään pitää pyöräilijät hengissä.

Pyöräilijän henki on halpa

Ei pitäisi provosoitua, kun provosoidaan. Näin se on, mutta en silti malta olla jälleen ihmettelemästä suomalaisten suhtautumista pyöräilijöihin. Varsinkin nyt, kun pyöräilystä on ollut julkisuudessa monenlaisia uutisia.

Lehtitietojen mukaan (Aamuposti 13.6.) pyöräilijän hengen vaatineesta onnettomuudesta tuli vain 3700 euron sakkotuomio. Ei ole pyöräilijän henki kovinkaan arvokas, sanon minä. Varsinkin kun tuomio tuli liikenneturvallisuuden vaarantamisesta ja kulkuvälineen kuljettamisesta oikeudetta. Samalla kun todettiin, ettei tapaus ollut törkeä kuolemantuottamus, korvausvaatimukset hylättiin. YLE puolestaan uutisoi kuinka Seinäjoki on vaarallisin pyöräilijälle. Selityksenä oli, että välinpitämättömyys ja ahtaat keskustat aiheuttavat polkupyöräonnettomuuksia. Toisena syynä korostui, ettei toisista tielläliikkujista piitata.

Oli sitten kysymyksessä Seinäjoki tai vaikkapa Hyvinkää, löytyy molemmista paikkakunnista muista liikkujista piittaamattomia tiellä kulkijoita.

Vuosina 2007 – 2012 Hyvinkäällä on kuollut neljä pyöräilijää ja 55 loukkaantunut. Vastaavana aikana Nurmijärvellä ei ole kuollut ainoatakaan pyöräilijää. Hyvinkäällä "tarttis varmaan tehdä jotain", varsinkin kun Hyvinkää pyrkii toimimaan positiivisen turvallisuusajattelun ja ennaltaehkäisevän turvallisuustyön edistämiseksi.

Ehkä se ei kuitenkaan tarkoita sitä, mitä muutama aika takaperin Belgiassa tapahtui. Seurasin nimittäin huvittuneena TV-uutisia, kun alastomat pyöräilijät polkivat Brysselissä pyöräilijöiden turvallisuuden puolesta. Taitaisi sitä terassilla istuvien kaljat mennä väärään kurkkuun, jos pitkin Uudenmaankatua polkisi porukka ilman rihman kiertämää. Jotain kuitenkin belgialaisten mielenilmauksessa meni mielestäni pieleen. Olisi polkijoilla ollut edes kypärä päässään, mutta eipä niitä näkynyt. Selitys tosin oli varsin mielenkiintoinen:" Alastomina olemme suojattomia, kuten pyöräilijät liikenteessä".

Minulta taas meinasi tässä päivänä muutamana mennä aamukaffet väärään kurkkuun, kun luin pääkaupungissa ilmestyvän lehden sivuilta Aurora Rämön tekstiä: "Autoilijat töttäävät, jalankulkijat huutavat ja ihan aiheesta. Kesä on tuonut liikenteeseen joukon erityisen risovia pyöräilijöitä. Äänestä heistä raivostuttavin."

Olisikohan myös tasapuolisuuden nimissä tehtävä toisenlainen äänestys, jossa äänestettäisiin raivostuttavin autoilija, mutta tuskin kukaan itseään kunnioittava toimittaja tällaiseen kyselyyn ryhtyy.

Pyöräilyä paikallaan

Ajatus paikallaan pyöräilystä tuntui hassulta. Kun kaupungin latuko-neet olivat pysyneet myös pitkään paikallaan ja hiihtämään en pää-syyt, suuntasin kulkuni hyvinkääläiselle kaupalliselle kuntosalille.

– Oletko ensimmäistä kertaa tulossa spinning- tunnille, tiskin ta-kana ilmoittautumisia vastaanottanut nuori nainen kysyi. Myönsin olevani.

– Sitten se ei maksa mitään, hän hymyili. Siirryin tyytyväisenä pukutilaan ja vaihdoin pyöräilyasun päälleni sekä pyöräilykengät jalkaani.

Salin lattia oli täynnä Spinning-pyöriä, ne olivat kuin riisuttuja kuntopyöriä. Katsoin muilta mallia ja säädin satulan sekä ohjaustan-gon korkeudet mittojeni mukaisiksi. Säätöjä tehdessäni, mietin, miksi piti puhua spinningistä eikä - kuten ennen vanhaan - kunto-pyörällä ajosta. Se oli kai nykyaikaa. Puhuttiinhan circuit- treenistä, kun tarkoitettiin kuntopiiriä. Ehkäpä se idea erinimistä minulle vielä joskus selviää.

Lopulta sen suurempia selitystä keksimättä, könysin pyörän pääl-le ja aloin polkemaan. Kevyellä vastuksella se tuntuikin mukavalta ja helpolta. En arvannut, että jossain vaiheessa totuus paljastuisi ja puuskuttaisin kuin neljän sadan metrin juoksija.

Huomasin, että laji kuuluu kuntosalin suosituimpiin. Siinä kevyesti verrytellessäni, sali täyttyi polkijoista. Ohjaaja kiipesi salin edessä olevalle korokkeelle, rykäisi pari kertaa mikrofoniin, laittoi reippaan musiikin soimaan ja nousi pyörän päälle.

– Onko kukaan tunnillani ensimmäistä kertaa? Ohjaaja loi kysy-vän katseensa reilun parinkymmenen hengen porukkaan. Empien nostin käteni.

– Minun nimi on Tomppa. Alkuun ajamme kevyesti, sitten suori-tamme kuormittavan osuuden ja lopuksi teemme loppuverryttelyn, hän sanoi ja alkoi polkemaan rytmikkäästi. Sitten hän huomautti, että vastuksen säätäminen on jokaisen polkijan omalla vastuulla. Tiesin entuudestaan, että jokaisella vetäjällä on oma tyylinsä. Ideana kaikilla on mielikuvituksellinen pyörälenkki rytmikkään musiikin tahdissa.

Tompan johdolla poljimme välillä "tasamaalla", välillä raskasta "ylämäkeä" ja toisinaan otimme vauhdikkaan spurtin. Ajoasentoja oli erilaisia ja vaihtelimme niitä ohjaajan komennuksesta. Jossain vaiheessa vilkaisin huolestuneena seinällä olevaa kelloa, sillä reisissä maitohapot pistelivät, hiki valui otsalta silmiin ja elimistö huusi happea.

Täytyy myöntää, että aloitin varovaisesti enkä säätänyt vastusta missään vaiheessa maksimille. Saan silti syyttää itseäni siitä suunnattomasta määrästä hikeä, joka tunnin aikana kasteli paitani ja housuni. Olen varma, että se spinning-treeni kannatti ja tunnin lopulla tiesin tehneeni kunnon harjoituksen.

Muiden kuntoilumuotojen lisäksi spinning tuntui hyvältä vaihtoehdolta, varsinkin kun hiihtolenkki jäisellä, huonosti hoidetulla ladulla tuntui silloin varsin vastenmieliseltä. Päätin ottaa lajin omaan valikoimaani, sillä kevät ja pyöräilykausi tulevat yllättävän pian.

Pikajalkaa lenkille

Vihdoinkin se päivä koitti. Päivä jota olin odottanut lähes kymmenen kuukautta. Pääsin jälleen polkupyörälläni kiertämään Hyvinkään ympäristön maanteitä. Viime kesä kului minulta käsi kipsisissä, joten pyöräily oli silloin mahdotonta.

Tarkastin jarrujen toimivuuden, voitelin ketjun, laitoin pyöräilyasuni päälleni ja kypärän päähäni sekä suuntasin pyöräni kohden Riihimäkeä. Oli osallistuttava Hyvinkään ja Riihimäen väliseen kisaan.

Tuuli oli sivuvastainen, kun ylitin Pohjoisen ohitustien. Iltaauringon säteet lämmittivät mukavasti, ja tunsin pyöräilyn riemua. Matka taittui kuin itsestään.

Melko tarkalleen 140 vuotta sitten Uuden Suomettaren pääkirjoituksessa kerrottiin jotenkin tähän tapaan:

"Velocipedi eli suomeksi pikajalka, joka on erään uuden kuljetusneuvon nimi, joka joku aikaa takaperin on keksitty Ranskan maalla. Sen rakennus on hyvin yksinkertainen. Siinä ei ole paljo muuta kuin kaksi pyörää, jotka on asetettu samaan linjaan." Lehdessä hehkuttiin myös uuden kulkuneuvon hyötyä *"niillä tasaisella tiellä pääsee kulkemaan enemmän kuin peninkulman tunnissa, niin muodoin yhtä nopeasti kuin hyvällä kyytihevoisella."*

Vaikka alkuun pyöräilyä pidettiin maassamme yläluokan harrastuksena, tuli siitä nopeasti myös kulttuuriväen kulkumuoto. Valokuvaaja I.K. Inha kulki kuvausmatkoillaan polkupyörällä. Myös Juhani Ahon tiedetään liikkuneen pyörällä. Pentti Haanpää puolestaan kirjoitti mainion novellin Pyöräurheilija Saikansalosta. Myös kirjailijat Teuvo Pakkala ja Ilmari Kianto kokivat pyörällä liikkumisen mielekkyyden. Siihen aikaan tiet olivat kuoppaisia hiekkateitä.

Harmikseni huomasin, että myös Riihimäelle johtava kevyenliikenteen väylä oli melko huonossa kunnossa. Oli poljettava varovasti ja varottava asvaltissa olevia halkeamia.

Vaikka Suomessa on pyöräilyllä pitkä historia, sen arvostus on ollut maassamme varsin vähäistä. Kevyen liikenteen väylien suunnittelussa ja toteutuksessa ei pyörällä liikkuvia ole juurikaan huomioitu. Maanteiden reunamaalaukset ovat tehty nykyisin tärinäraidoiksi, joissa ajaessa pyöräilijältä tippuvat "tekarit" suusta ja jotkut autoilijat suhtautuvat vielä jopa vihamielisesti pyöräilijöihin.

Paluumatka kotiini sujui turvallisesti sivumyötäisen tuulen siivittämänä. Oli mukava polkea kohden Hyvinkäätä. Sillä sehän tunnetaan myös perinteisenä pyöräilypaikkakuntana. Liittyyhän kaupunkiin maamme huippupyöräilijöitä ja pyöräilytapahtumia. Miksi hyvinkääläiset eivät kuitenkaan ole lähteneet samalla innolla mukaan "pyörällä ilman moottoria kisaan" kuin riihimäeläiset?

Minut varmaan nähdään polkemassa muutamassa kesän kuntota-pahtumassa. Ensimmäinen tilaisuus saattaa olla Hyvinkäällä kuun lopulla järjestettävä kuntoajo, mutta sitä ennen minun on ulkoilu-tettava "pikajalkaa" useaan otteeseen.

Lähiympäristö tarjoaa -kaikesta huolimatta- siihen mainiot puit-teet. Pyöräilyä on yksi parhaista kesän liikunta- ja kuntoilumuodois-ta. Kannattaa kokeilla!

Kuntopyöräilyä Mallorcalla

Ei aina voi arvata minkälainen etelän kuntoilumatkasta tulee, var-sinkin kun lähtö on 13. päivä ja perjantai sekä matkan kohteena Mallorca.

Vaikka Espanja on sotkenut talousasiansa, moni asia on maassa paremmin kuin Suomessa. Enkä nyt tarkoita pelkästään jalkapallon tasoa.

Kun lentokone oli laskeutunut Mallorcan lentokentälle, ja kun lin-ja-auto oli kuljettanut meidät Alcudiassa sijaitsevaan hotelliimme, vuokarasin polkupyörän hiukan yli sadan euron viikkohinnalla. En-simmäinen lenkkini oli lyhyt tutustuminen lähiympäristöön, mutta jo lauantaina porukkamme polki 60 kilometriä.

– Kauan aikaa sitten, kun Cesar tuli saarelle, hän toi pollensa paikkakunnalle ja siitä asti paikkaa on sanottu Pollensaksi, kertoi ryhmämme vetäjä kahvihetkellämme Pollencassa.

Kysyin, onko hän savolainen, sillä tarinan oikeellisuuden vastuu jää savolaisten keromana aina kuulijalle.

Tiistaina, aurinkoisen viileän aamun koittaessa lähdimme polke-maan kohden Binisalemia. Huomasin, kuinka paljon pyöräilijöitä oli saarella. Monesti näkyi kymmenen polkijan letkoja – suurin osa ohitti meidät -, mutta ohittelimme myös muutamia polkijoita.

Tajusin myös, että suomalaisilla olisi paljon opittavaa espanjalai-silta. Suhtautuminen pyöräilijöihin on heillä aivan toista luokkaa. Heille pyöräilijä on osa liikennettä, ei kohde, joka tulee kiilata ojaan, jonka voi ohittaa niin läheltä, että peili on viiden sentin päässä pyöräilijästä.

Arvelen, että se maltti ja molemminpuolinen toistensa liikenteessä huomioiminen tulee varmaan kaukaa sivistyksestä. Ja onhan Espanjassa aina arvostettu huippupyöräilijöiden rinnalla myös tavallisia polkijoita.

Kun viisinkertainen Ranskan ympäriajon voittaja, espanjalainen Miguel Indurain kävi Suomessa, tuskin monikaan suomalainen tunsi häntä. Toista olisi ollut hänen kotimaassaan. Hyvin harva suomalainen tietää edes nykyistä maailman huippupolkijaa, saati edes kotimaista pyöräilymme kärkinimeä.

Torstaina aurinko lämmitti ja tunsin, kuinka jännitys lisääntyi mielessäni. Menossa oli pyöräilyviikkoni viimeinen ajopäivä. Takanamme oli liki kolmekymmentä kilometriä ja edessämme kahdeksan kilometrin mäki, jonka aikana nousua tulisi reilut neljäsataa metriä.

Olin koko viikon kuullut tästä Ljucin noususta, joka lähtee Selvan kylän jälkeen kohoamaan ylös Serra de Taramuntanan vuorijonoa. Minulle oli vakuutettu, että kyseessä on nousu, jonka jokaisen Mallorcalla pyöräilevän kuntoilijan kannattaa kokea. Voin vakuuttaa, että kannatti: niin nousu kuin vauhdikas lasku olivat mieleen painuvia.

Onnittelin itseäni, että olin lähtenyt matkalle, jonka järjestelyihin kuuluivat yhteiset pyörälenkit. Ne olivat suuri helpotus ensikertalaiselle.

Kuntopyöräilijän kannalta Mallorca on ihanteellinen. Saarella löytyy tasamaata ja vuoristoa, kunkin tarpeen mukaan. Huhtikuussa varsinainen turistikausi on vielä edessä, jolloin pyöräilijöitä saarella on joukoittain. Samoin saarella on pyöräliikkeitä, joista saa kaikkea pyöräilyyn tarvittavaa.

Kun paluulento Mallorcan kentältä lähti, jäin odottamaan kaiholla ensi kevättä.

VEDETÄÄNKÖ MEITÄ HUULESTA

Kaikki on mahdollista. Mahdottoman toteuttaminen vain vie hieman
enemmän aikaa.

– Tuntematon

Urheilun Humua

Marraskuussa julkaistu väliraportti suomalaisen huippu-urheilun
uudistamiseksi antaa paljon kysymyksiä, mutta perin vähän vastauk-
sia siitä, miten ihan oikeasti suomalainen huippu-urheilu saadaan
kansainväliselle tasolle. Selvityksessä on kyllä lueteltu tavoitteita,
mutta konkreettiset toimenpiteet, resurssit, vastuut ja aikataulut
puuttuvat selvityksestä lähes kokonaan.

Keskeneräistä työtä on hiukan epäkiitollista arvostella, mutta
tässä kohtaa se sallittakoon. Tosin suomalainen sanonta kuuluu:
"Keskeneräisä työtä ei pitäisi näyttää hulluille eikä herroille."

Huippu-urheilun muutostyön taustalla on opetus- ja kulttuurimi-
nisteriön marraskuussa 2008 asettama Risto Niemisen johtama työ-
ryhmä, jolta syntyi "Sanoista teoiksi- ajatuksia suomalaisen huippu-
urheilun kehittämiseksi"-muistio. Niemisen työryhmän asettamisen
jälkeen on jo kolme vuotta vettä virrannut Vantaassa, mutta todelli-
sia tekoja ei vielä ole juuri näkynyt.

On ymmärrettävää, että urheilu on pitkäjänteistä työtä. Tiede-
tään, että päästäkseen edes huipun tuntumaan on urheilijalla oltava
takanaan vähintään seitsemän vuotta nousujohteista harjoittelua.
Onko nyt jälleen kolme vuotta kulunut hukkaan? Tuskin, sillä monet
urheiluseurat ja urheilijat ovat toimineet kuten ennenkin – innos-
tuksesta urheiluun.

Onko huippu-urheilu yleensä tarpeellista, vai riittäisikö se, että
kansalaiset liikkuisivat terveytensä kannalta riittävästi?

Muutostyöryhmä (Humu) listaa monta monia syitä, miksi sen
mielestä huippu-urheilua tarvitaan: huippu-urheilun vuoksi, urhei-
lun itsensä vuoksi, urheilijan vuoksi, olla esikuvana muille, osaami-

sen vuoksi, yhteisöllisyyden vuoksi. Lisäksi huippu-urheilua tarvitaan Suomen vuoksi. Työryhmä uskoo, että menestyvä huippu-urheilu on vahva mielikuvan, brändin rakentaja. Siinäkö ovat kaikki syyt? Mutta, eikö huippu-urheilu ole myös mitä suurinta liiketoimintaa, jossa jotkut tahot keräävät isot rahat.

Vuosia sitten huippu-urheilua perusteltiin sillä, että se toimii nuorten innoittajana harrastaa liikuntaa, tuli heistä myöhemmin huippu-urheilijoita tai vain kuntoliikkujia.

Lähteeköhän työryhmä ehdotuksissaan myös väärästä päästä liikkeelle kun se on ensi töikseen perustamassa huippu-urheiluyksikköä. Jos haluamme, että maassamme löytyy huippu-urheilijoita tulevaisuudessa, eikö olisi syytä ensimmäiseksi saada mahdollisimman moni lapsi ja nuori liikunnan pariin? Tosiasia on, että suuresta massasta löytyy myös enemmän liikunnallisesti lahjakkaita yksilöitä.

Tärkeintä olisi tukea urheiluseuroja ja niitä vapaaehtoisia valmentajia ja vetäjiä, jotka ovat koko suomalaisen urheilun perusta. Toinen painopiste tulisi olla koululiikunnan lisääminen niin, että maastamme vuoteen 2020 mennessä tulisi todellakin maailman liikkuvin kansa. Huippu-urheilu kehittyisi pitkässä juoksussa kansanterveyden ohella.

Vähemmän tärkeää on taata urheilun johtajille tulevaisuuden rahakkaat työpaikat.

Unelma erinomaisuudesta

TV:ssä esitetty ohjelma Huippu-urheilun muutos – siis mitä, herätti monia ajatuksia. Ohjelma kysyi varsin oikeutetusti: "*Mikä muuttuu vai muuttuuko mikään.*" Eli saiko huippu-urheilun muutostyöryhmä (Humu) kahdessa vuodessa aikaiseksi yhtään mitään?

Humun tuloksena tuli tukku entuudestaan tuttuja esityksiä. Näin ollen sen tulosta voidaan pitää melko köykäisenä. Humun raporttia tarkasteltaessa ei voi välttyä vertaamasta sitä moniin konsulttien tekemiin selvityksiin: käytetään hienoja valokuvia ja grafiikkaa, jotta lukijalle jäisi mielikuva hyvin tehdystä työstä.

Kuten niin moni konsulttiselvitys niin myös Humun loppuraportti asettaa monia epäselviä visioita ja kirjaa epämääräisiä keinoja niiden saavuttamiseksi.

Kävi ilmi, ettei homma näyttänyt olevan oikein hanskassa, ja selkeä johtajuus projektilta puuttui. Jos näin oli, mitä uutta voimme odottaa huippu-urheilun tulevaisuudelta?

Miksi ryhmä ei lähtenyt tarkastelemaan suomalaisen liikunnan, kilpa- ja huippu-urheilun tämän päivän tilaa selkeiden numeroiden valossa. Kun ryhmä esittää visiona, että Suomi on maailman liikkuvin urheilukansa 2020, mitä se oikeasti merkitsee?

Nopeasti katsottuna raportista ei löydy myöskään kuinka monentena tällaisessa vertailussa maamme nyt on. Entä miten maiden paremmuus tällaisessa tässä asiassa mitataan? En myöskään löydä lukuja tämän päivän maamme palkallisten valmentajien määrästä, urheilua harrastavien nuorten määrästä tai vaikka tavallisten seuravalmentajien tasosta. Eikö juuri näitä maassamme tulisi voimakkaasti lisää ja tukea?

Mitä sitten tarkoittaa huippu-urheilun visio: "Urheilijan polun osaamisella, yhteistyöllä ja intohimolla parhaaksi Pohjoismaaksi 2020".

Jos mittarina käytetään ainoastaan menestystä olympialaisissa, tavoite on selvä ja mitattavissa. Kun asioita katsotaan laajemmin, kaikki urheilulajit huomioiden, vertailu monimutkaistuu.

Jos vähäiset resurssit kohdennetaan vain ja ainoastaan olympiamenestykseen, voimme silloin unohtaa monet urheilulajit. Kotimaassa voisimme tehdä oman tärkeysjärjestyksen urheilulajeista. Pesäpallo ei ole olympialaji, sen tukeminen voidaan lopettaa. Samoin voimme tehdä suunnistuksen ja monen muun lajin osalta. On varsin epätodennäköistä, että maamme jalkapallojoukkue pääsee olympialaisiin, saati menestyy siellä. Näin myös sen kehittämiseen tulisi suhtautua kriittisesti.

48

Humun olisi pitänyt tehdä lista urheilulajeista, joissa olympialajeissa on vain vähän osanottajamaita ja taso kansainvälisesti heikko. Näin olisi helpommin menestymisen mahdollisuus. Työryhmän raportissa on kirjattuna huoli lapsuuden ja nuoruuden monipuolisen liikkumisen riittävästä määrästä. Miten se saadaan jokapäiväiseen arkeen niin, että sitä tulee viikoittain yli 20 tuntia, siihen raportti ei kuitenkaan anna hyvää vastausta, vaikka se on urheilijan uran kannalta tärkeimpiä kohtia.

On muistettava, että visio on synonyymi sanalle unelma. Unelmoidahan aina saa, mutta täytyisi myös tehdä jotain, jotta nuoret saataisiin entistä enemmän liikkumaan.

Vedetäänkö meitä huulesta?

Muutama vuosi sitten tein veljeni kanssa kahden viikon polkupyöräretken Utsjoelta Hyvinkäälle. Meillä oli erinomainen onni, sillä aurinko porotti täydeltä terältä koko matkamme ajan. Veljeni ehdottelusta huolimatta en rasvannut koko reissun aikana huuliani. Olin silloin sitä mieltä, ettei tosimies rasvaa huuliaan.

Nyt olen toista mieltä. Matkan loputtua huuleni olivat auringon paahteessa turvonneet ja ne verestivät. Oli pakko mennä lääkäriin.

– Määrään sinulle antibioottikuurin ja silmärasvaa, sanoi venäläistaustainen lääkäri.

Katsoin lääkäriä ihmeissäni.

– Nämä ovat huulet ja nämä ovat silmät, sanoin ja näytin sormellani niin huuliani kuin silmiäni. Lääkäri ei häkeltynyt vaan vastasi salamannopeasti.

– Ei salva tiedä, onko se silmässä vai huulessa.

Siinä samassa tajusin, että lääkäri oli ammatti-ihminen ja tiesi, mitä teki. Sen jälkeen varautuneisuuteni ulkomaalaistaustaisiin lääkäreihin hälveni. Nyt vain en tiedä, mitä tekisin, jos norjalainen lääkäri sattuisi minua hoitamaan.

Viime aikoina on eri medioissa ja yleisönosaston palstoilla monenlaista huulenheittoa dopingista sekä lääkäreistä huippu-urheilun yhteydessä. Minäkin laitan lusikkani nyt tähän urheilusoppaan, vaikka tiedän, mitä useampi kokki, sitä huonompi soppa. Ja sitä soppaa on norjalaisilla ollut maisteltavanaan viime kuukausina niin, että monen huulia on kirvellyt, eikä siihen astmalääke ole auttanut.

Jos joku on uskonut, että huippu-urheilusta kielletyt konstit ovat hävinneet, hän on ollut varsin naiivi tai paljosta tietämätön. Kiellettyjä konsteja on aina ollut ja on aina oleva. Onko siis koko huippu-urheilu suurta pelleilyä, jossa kilpailua käyvät vippaskonstien kehittäjät ja niiden valvojat?

Näin kuntoliikkujan näkökulmasta tämä "kilpajuoksu" näyttää typerältä touhulta samalla, kun ihmisiä huijataan sanomalla, kuinka hienoa touhua huippu-urheilu on. Jopa viimeaikaisissa ministerien puheenvuoroissa on nostettu esille, että huippu-urheiluun tulee panostaa entistä enemmän varoja, jotta suomalaiset menestyisivät kansainvälisissä kilpailuissa.

Miksi pitäisi menestyä? Varsinkin kun joissain muissa maissa dopingin käyttöön suhtaudutaan varsin leväperäisesti. Toisaalta, on sitä ennenkin harjoiteltu ja samalla käyty jopa töissä, ja monessa lajissa tulokset ovat olleet parempia kuin tänä päivänä.

Muistan lukeneeni jostain tavoitteesta, joka kosketti suomalaisia elämänkaaren eri vaiheissa. Se tavoite oli "Maailman liikkuvin urheilukansa 2020". Se oli visio, joka pyrki innostamaan, uudistamaan ja yhdistämään suomalaista urheilunkenttää sekä lisäämään laadukasta liikettä eri ikäryhmissä. Näyttää siltä, että tämä tavoite hukkui johonkin, sillä vuosi 2020 on kohta, eikä mitään ole tapahtunut.

Vai oliko sittenkin niin, että sillä visiolla meitä tavallisia kansalaisia vedettiin jälleen kerran huulesta.

Liikuntaa lain voimalla?

On valitettavaa huomaa, että suomalaiset liikkuvat aivan liian vähän. Liikkumattomuuden aiheuttamien kustannusten ennustetaan kasvavan voimakkaasti. Jo nyt kustannusten arvellaan olevan miljardiluokkaa.

Kun lukee liikuntalain uudistamisen perusteluja, ei voi kuin ihmetellä, miksi vasta nyt on herätty huomaamaan liikunnan todellinen merkitys ihmisen hyvinvoinnille.

Mutta, saadaanko asia korjaantumaan pelkästään lakia muuttamalla?

Tiedetään, että fyysinen aktiivisuus on varsin suurella osalla suomalaisista aivan liian vähäistä. Kansallisesti pieni vähemmistö liikkuu riittävästi, mutta suurienemmistö viis veisaa omasta kunnostaan.

Mitä sitten tulisi tehdä, jotta kansalaisten toimintakyky ei heikentyisi eikä fyysinen kunto laskisi? Varsinkin nyt, kun ihmisiltä odotetaan pitempiä työuria.

On myönnettävä, että fyysisen aktiivisuuden väheneminen on osa yhteiskunnan muutosta. Silti ihmisten liiallinen paikallaan olo ja istuminen ovat iso kansanterveysriski.

Opetus- ja kulttuuriministeriö sekä sosiaali- ja terveysministeriö julkaisivat yhteiset valtakunnalliset linjaukset terveyttä ja hyvinvointia edistävään liikuntaan.

Linjauksissa korostuvat arjen istumisen vähentäminen, liikunnan lisääminen, liikunnan nostaminen keskeiseksi osaksi terveyden ja hyvinvoinnin edistämistä sekä liikunnan aseman vahvistaminen suomalaisessa yhteiskunnassa.

Edellä mainitut ovat kauniita tavoitteita. Mitä ne sitten ikinä tarkoittavat käytännössä, sen aika tulee näyttämään.

Monet tutkimukset todistavat, että liikunta on tärkeää yksilön kokonaisvaltaiselle fyysiselle, psyykkiselle ja sosiaaliselle hyvinvoinnille. Liikunnan avulla voidaan parantaa monia sairauksia ja se toimii sairauksien ehkäisyssä, hoidossa sekä kuntoutuksessa. Liikunnan pohja luodaan lapsuudessa. Siksi on varsin tärkeää, että jo päiväkoti- saati kouluikiset lapset saavat riittävästi päivän mittaan liikuntaa.

Tavoitteena tulee olla, että nuorille annetaan aito innostus liikkumisen eri muotoihin niin, että liikunta kuuluisi ihmisen elämän joka ikävaiheiseen.

Uudessa liikuntalaissa, joka korvaisi nykyisen, uudistettaisiin valtion vastuuta liikuntapolitiikasta, kunnan vastuuta ja yhteistyötä liikunnasta.

Eikö olisi syytä lainsäädännössä huomioida myös se, että kouluissa ja päiväkodeissa lapset saataisiin liikkumaan, vaikka vain tunnin päivässä.

Toisaalta, liikunnallisen elämäntavan edistäminen edellyttää useiden toimialojen yhteistyötä, ei pelkästään liikuntalain uudistamista.

Ehkäpä jokainen meistä voisi myös omalta osaltaan, ilman minkään lain vaatimuksia, lisätä omaa päivittäistä liikunnan harrastustaan.

Pakottaako liikuntalaki liikkumaan?

Eduskunnan lainsäätäjät ovat huomanneet, että suomalaiset liikkuvat nykyisin terveytensä kannalta aivan liian vähän. On todettu, että kansalaisten toimintakyky on keskimäärin heikentynyt ja fyysinen kunto laskenut. Kansalaisten lähes olemattomasta liikunnasta johtuvat sairauskustannukset on arvioitu olevan miljardiluokkaa.

Päättäjillä - joista moni itsekin tarvitsisi lisäliikuntaa − on tullut huoli sitä, miten saataisiin suomalaiset huolehtimaan fyysisestä kunnostaan. He ovat tammipöytiensä takana lyöneet "viisaat päänsä" yhteen ja keksineet mainion ajatuksen; uudistetaan liikuntalaki, näin saadaan kansalaiset liikkeelle.

Uuden liikuntalain tarkoituksena on muun muassa edistää kansalaisten liikuntaa, kilpaurheilua, terveyttä sekä tukea lasten ja nuorten kasvua liikunnan avulla.

Pyrkimys lainsäätäjillä on varmaan kaikkien mielestä hyvä ja tavoiteltava. Tuskin kukaan tahtoo vastustaa näin yleviä tavoitteita. Se, miten sitten liikuntaa konkreettisesti edistetään ja yksittäiset ihmiset saadaan huolehtimaan fyysisestä kunnostaan, ei kovin helposti ensilukemalla laista aukea.

Lain perusteluista käy ilmi, ettei laki tuo valtion liikuntabudjetin kokonaismäärään yhtään lisäeuroa. Sen tarkoituksena ei ole myöskään lisätä uusia rahoitettavia tehtäviä kunnille.

Jos lainlaatijat onnistuvat lain voimalla samaan edes puolet kansalaisista liikkumaan terveytensä kannalta riittävästi, heille kuuluisi lääketieteen Nobel-palkinto. Pelkään pahoin, ettei näin tule käymään.

Liikuntamotivaatio voidaan luoda tai pilata nuorena. Valitettavasti liikuntaharrastamisen kustannukset urheiluseuroissa ovat kallistuneet huomattavasti viime vuosien aikana. Tämä on johtanut siihen, että lasten ja nuorten mahdollisuudet harrastaa liikuntaa vaihtelevat perheen taloudellisen aseman mukaisesti. Kuinka moni nuori joutuu jäämään pois jääkiekon tai jalkapallon piiristä, kun vanhemmilla ei ole siihen rahaa?

Olisikin tärkeää, että ne liikuntalajit, jotka eivät juuri maksa harrastajalleen mitään, nostettaisiin myös arvostuksen kohteeksi. Tässä suhteessa myös medialla ja meillä urheilutoimittajilla olisi oma tehtävämme, mutta riittääkö meillä aina halua, ammattitaitoa tai tietämystä siihen? Laajemmassa katsannossa olisikin arvostettava liikuntalajeja, joita varten ei tarvitse rakentaa massiivisia halleja, laskettelurinteitä tai lämmitettäviä tekonurmia.

Meillä on monta mahdollisuutta vaikuttaa lapsien ja nuorten liikuntaharrastusten lisäämiseksi. Miksi emme tekisi niin?

Yksittäinen ihminen valitsee, liikkuko hän vai ei. Siihen ei voida lainsäädännöllä ketään pakottaa. Valitettavasti on niin, että lain voimalla itsestään piittaamatonta ja kuntoiluun halutonta aikuista ei saada liikunnan pariin, ei vaikka vähän maksettaisiin.

Pimeitä päätöksiä

Kesälomalla, kirkkaassa auringonpaisteessa – auringonpistoksen saaneena- on hyvä muistaa, mitä talven pimeydessä päättäjät ovat päättäneet
Poliitikot, nuo valtaapitävät pienryhmät, ovat talven ja kevään aikana tehneet useita päätöksiä. Päätöskokoukset ovat monesti venyneet yön pimeyteen. On säädetty kansalaisille veroja, lasten päivähoitopaikkojen vähennyksiä, lisämaksuja ja säästötoimenpiteitä. On myös päätetty, että lama poistuu kun lomarahat maksetaan vapaana. Siis työtä tekemättä kilpailukyky paranee. Voiko tämän pimeämpiä ajatuksia kukaan keksiä? Kyllä voi!
Myös Keravan ja Tuusulan päättäjät ovat tehneet pimeitä päätöksiä. Päätökset Keravan ja Tuusulan katuvalojen öiseen aikaan sammuttamisesta on mahdollistanut paikkakunnilla tapahtuvan pimeän puuhastelun.
Johtuisikohan lamppujen sammuttaminen siitä, että poliitikkojen päätökset eivät kestä lampun saati päivän valoa. Julkisuudessa on öistä pimeyttä perusteltu säästö syillä. Poliisin työtä tämä ei kuitenkaan säästä.
Keravan teknisen viraston päällikön päätöksistä on kuvastunut suurempi huoli oman valtaansa lisäämisestä ja postilaatikon sijoittamisesta kuin keravalaisten yöllisestä turvallisuudesta.
Paljon vartijaksi pistetty Keravan kaupunginhallituksen puheenjohtaja, entinen traktorinkuljettaja, todistaa asiantuntevasti, ettei muuten taloudellista säästöä saada aikaan kuin pimentämällä kaupunki.
Tosin asiantuntijat ovat säästöistä kovasti eri mieltä.

Tulisikohan suutarin pysyä lestissään ja traktorinkuljettajan traktorin ohjaimissa?

Poliitikot puuhastelivat myös Keravan Energialaitoksen yhtiömuotoon. Kuinka ollakaan uuden yhtiön hallituksessa ja hallintoneuvostossa löytyy näitä samaisia poliitikkoja. Siis kenen etu olikaan yhtiöittäminen? Keravalla on kehitetty kaupungin hallinnon uudistusta. Pimeydellä varmaan on ollut syynsä siihen, että päättäjät, nuo Keravan soutajat ja huopaajat, eivät ole nähneet mitä ovat tekemässä. On päätetty yhdistää liikuntatoimi teknisen viraston yhteyteen. Pimeämpää päätöstä kuin liikuntalautakunnan lakkauttaminen tuskin löytyy. Jollei tarkoituksena ole keskittää valtaavain harvoin käsiin ja unohtaa liikunnallinen asiantuntemus. Liikuntalautakuntapäätös kuvastaa keravalaisten kunnallispoliitikkojen tietämättömyyttä ja välinpitämättömyyttä liikuntatoimen merkityksestä. Välinpitämättömyydestä on hyvänä esimerkkinä myös Keravan surullisen kuuluisa urheilukenttä.

Keravan kaupunginvaltuutetuille joku voisi kertoa, että liikunnallista tietämystä ei ole se, että istutaan kirkkoveneen perässä komentelemassa muita. Tosin siellä on helppo istua niin kauan kuin veronmaksajat soutavat.

Kentän muistolle

– Et tuollaista voi kirjoittaa, poliitikko sanoo epäillen ja katsoo olkani yli näytöllä olevaa tekstiä.

– No miksi en? kysyn ikään kuin en ymmärtäisi mitä hän sanoo. Harmittaa kun näytin koko tekstiä hänelle.

– Kentän muistolle! Sinähän rienaat tuollaisella kirjoituksella, hän tuhahtaa.

Olen hetken hiljaa, tuijotan vain häntä. Kaupungin päättäjäksi hän näyttää varsin yksinkertaiselta mieheltä. Pyöreät silmälasit tekevät hänestä vielä virkamiesmäisen.

– Sinulle ei urheilukenttä ole koskaan merkinnyt mitään. Eihän sinulla ole muistoja sieltä. Olethan nähnyt maa-alueen, johon voi rakentaa ja olet laskenut, kuinka paljon alueesta saa rahaa, sanon yrittäen samalla hillitä itseäni.

– Emmekö tehneet asiassa hyvän taloudellisen ratkaisun? Kävisitpä paikalla katsomassa kuinka rakennustyöt edistyvät, hän ehdottaa.

Minun ei tarvitse lähteä, sillä edellisenä päivänä ajoin entisen kentän ohi. Näin kuinka paikassa, jossa ennen oli korkeushyppypaikka, ammotti suuri monttu ja työkoneet kaivoivat kuoppaa isommaksi. Siinä ei korkeushyppyä enää opetettaisi niin kuin vuosia sitten jolloin näytin lapsille flop-tyylin alkeita.

– Missä Keravalla nyt opetetaan korkeus- ja pituushyppyä? kysyn päättäjältä.

– En minä tiedä, hän vastaa. Sitten hänen silmänsä kirkastuvat ikään kuin hän keksisi oivan ajatuksen.

– Eihän Keravalla ole yhtään korkeushyppääjää, joten ei hyppypaikkaa tarvita.

– Ei niin! ei Keravalla ole myöskään yhtään estejuoksijaa, moukarinheittäjää, saati keihäänheittäjää, sanon kiukuissani. – Jokunen harva juoksija vielä paikkakunnalta löytyy. Ja hekin juoksevat pitkin maanteitä. Mistähän se johtuu?

– Sinähän olet kummallinen kun tuollaisesta hiillyt, päättäjä tuhahtaa ja katsoo aidosti äimistellen.

– Se oli joskus 1970-luvulla, kun ensimmäisen kerran urheilin kentällä. Taisi olla Kunnon Keravalaisten järjestämän hölkän lähtö, muistelen.

Sitten palautan mieleeni päivän, jona kenttä pullisteli katsojista niin että pääsyliputkin loppuivat. Silloin Markku Tuokko ja Seppo Hovinen heittivät välineitään vapauduttuaan kilpailukiellosta. Kerron Cooperin testeistä ja kilpailusta, jossa Juri Sedyh nakkasi moukarin kentän ennätyslukemiin. Silloin vielä kaupungissa uskottiin vielä yleisurheiluun.

– Usko pois, että monella keravalaisella on mieleen jääneitä muistoja kentältä. Siellä on opeteltu yleisurheilun alkeita, koettu liikunnan riemua, sanon painokkaasti.

– Entä sitten, päättäjä sanoo.

– No eipä sitten muuta kuin, että nyt Kerava taitaa olla ainoa kaupunki maassamme jossa ei ole urheilukenttää. Voit ottaa seuraavan kerran tarjotut ilmaiset juomat vaikka urheilukentän muistolle.

Jos sinun on kiivettävä mäen päälle,
odottaminen ei tee siitä
yhtään matalampaa.

TYÖPAIKAT KUNTOON

Ajattele suuria, mutta nauti pienistä.
Parempi epäonnistua jonkun tekemisessä,
kuin onnistua siinä, ettei tee mitään.

Erilainen näkökulma

Asiat eivät useinkaan ole sellaisia, miltä ensisilmäyksellä näyttävät. Usein vaikutelma riippuu katsojan näkökulmasta. Marraskuun lopulla olin hiihtämässä Sotkamossa. Seisoin sukset jalassani kilometrin päässä Vuokatin vaarasta ja katsoin laskettelurinnettä. Rinne kohosi paljaaksi hakattuna aukkona vaaran koillistuulella. Siltä paikalta katsottuna tuo laskettelijoiden unelma näytti kuin töyssyltä; matalalta ja helpolta laskea.

Hiihtolenkin tehtyäni ajelin autollani vaaran laelle. Ylhäältä katselin alas lumisen liukasta rinnettä. Kaukana alhaalla olevat ihmiset näyttivät pieniltä ja etäisiltä, enkä tunnistanut heistä ketään. He saattoivat nähdä myös minut kaukaisena ylhäällä olevana pisteenä.

Ylhäältä katsottuna rinne näytti tosi jyrkältä. Sen laskeminen vaatisi taitoa ja rohkeutta. Alas, ihmisten luo pääseminen olisi vaikeaa laskettelutaidolleni. Opettelemalla taidon saattaisin vielä joskus onnistua.

Myös suomalaisessa työelämässä on alhaalta ja ylhäältä katsojia. Heistä jokainen katselee asioita vain omasta näkökulmastaan.

Suomessa, jossa tekninen osaaminen on huippuluokkaa, ei henkilöstöjohtamiseen ole riittävästi kiinnitetty huomiota.

Kirjassa "Tämä ihmisen johtaminen" yhteiskuntatieteiden lisensiaatti Reijo Korhonen käsittelee suomalaista johtamista uudesta näkökulmasta. Kirja on käytännönläheinen ja pistää jokaisen miettimään omia johtamis- ja työpaikan ihmissuhdekäyttäytymisiään. Esille nousee kysymys, miten saada ihmiset hiukan onnellisimmiksi niin työssään kuin vapaa-aikanaan?

Kirjoittaja esittää kirjassaan toivomuksen, että ryhtyisimme vihdoinkin keskustelemaan ihmisten johtamisesta: "Johtamisen hyvyys ratkeaa katteella tai pääoman tuottoasteella, mutta johtajuuden laatu ratkaistaan ja arvioidaan konttorin ja verstaan lattialla."

Vuokatin vaaran laella huomasin elävästi kuinka vaihtamalla tarkastelupaikkaa ja näkökulmaa voi nähdä asiat uudessa valossa.

Kylä meillä opettelemista riittää... jokaisella.

Työyhteisöliikunta etsii muotojaan

Monilla työpaikoilla kehitellään mitä erilaisimpia kuntotempauksia, tarkoituksena saada henkilökunta harrastamaan liikuntaa. Ajatus ei ole pelkkää hyvyyttä työantajan taholta, vaan lähtökohtana on henkilökunnalle tarjottu työkykyä ylläpitävä toiminta ja sitä kautta sairaspoissaolojen väheneminen.

Joillakin työpaikoilla on jo työkyvyn edistäminen liikunnan avulla otettu osaksi työpaikan johtamisjärjestelmää. Toisilla taas on pohdittu, tulisiko kaikkia työntekijöitä tukea liikunnan harrastamisessa, vai kannustaa niitä, jotka eivät liiku, vai kannattaako tukea ketään? Onko lähtökohta kuitenkin väärä? Entäpä jos tavoitteeksi otettaisiinkin työkykyä kehittävä toiminta?

Varalan liikuntaopiston testiaseman liikuntafysiologi Matti Jääskeläinen korostaa, että liikunnan tulee lähteä henkilökunnan yksilöllisistä lähtökohdista. Voidaan kysyä, osataanko työyhteisöjen johtamisessa huomioida ihmisten biologinen ikä? Entä, osataanko hyödyntää erilaisia työntekijöiden fyysisiä ominaisuuksia ja valmentaa niistä entistä parempia.

Ihmisen lähestyessä 35 vuoden ikää, hänen fyysiset ominaisuutensa alkavat muuttua, ja valitettavasti heikompaan suuntaan. Mitä sitten olisi tehtävissä, jotta ihmiset jaksaisivat tehdä työnsä vielä 65-vuotiaana? Monilla työpaikoilla käydään kehityskeskusteluja, mutta käsitelläänkö niissä työhyvinvointiin ja liikuntatottumuksiin liittyviä asioita? Tuskin missään.

Entä kuinka monessa työpaikassa aidosti mitataan työhyvinvointia. Usealla työpaikalla tehdään työterveystarkastuksia vain tarkastusten vuoksi.

On todettu, että vain puolet työntekijöistä harrastaa terveyden kannalta riittävästi liikunta. Voidaan vain arvella, antavatko tulokset liian hyvän kuvan tilanteesta?

Kun terveystilastoja katsotaan, löytyy työpaikoilta liian paljon henkilöitä, joilla on vaikuttavat vatsanympärykset ja korkeat verenpaineet.

Useiden tutkimusten mukaan oikein suunnitellulla liikunnalla voidaan ikääntymisen tuomaa fyysisen ominaisuuksien alenemisvauhtia hidastaa. Liikunnan tulisi olla yksilöllistä vaikuttamista sen kohdentamista kullekin yksilölle sopivaksi.

On myös muistettava, ettei kaikkien tarvitse juosta maratonia. Heidän tulisi kuitenkin olla sellaisessa kunnossa, että työpäivän jälkeen eivät kaatuisi "reporannkana" olohuoneensa sohvalle.

Liikunta tulisi tuoda myös lähelle työpaikkaa. Työpaikoilla tulisi olla henkilö, joka vastaa liikunnasta. Onko henkilö sitten työterveyshuollosta, työsuojelupäällikkö, -valtuutettu tai joku muu, sitä tulisi työpaikoilla pohtia.

Monella ihmisellä on halu kuulua mukavaan joukkoon. Missä ovat ne työpaikat, joiden liikunta-asun päälle laittaja tuntisi ylpeyttä siitä, että kuuluu upeaan porukkaan?

Työpaikat kuntoon

Jo vuosien ajan on puhuttu työkykyä ylläpitävästä toiminnasta. Onko mitään konkreettista saatu aikaan? Varmaan on, mutta kehittämistä vielä monessa suhteessa riittää, varsinkin työterveyshuoltojen toiminnan osalta. Tässä asiassa työturvallisuusorganisaatiot ja ayliike voisivat myös olla aktiivisempia.

Tiedetään, että liikunnan avulla vahvistetaan ihmisen stressinsietokykyä, kohotetaan omanarvon tuntoa, vähennetään masentuneisuutta ja ahdistuneisuutta. Tiedetään myös, että hyväkuntoiset työntekijät saavat paljon enemmän aikaan kuin huonokuntoiset.

Ihmisen fyysinen suorituskyky on parhaimmillaan 25 – 30 vuoden iässä. Sen jälkeen kunto vääjäämättä laskee. Aluksi heikkeneminen on hidasta, mutta sen huomaa selvästi jo noin 40 – 50 vuoden iässä. Usealla noin 60-vuotiaalla heikentynyt fyysinen suorituskyky häiritsee jopa työssä selviytymistä. Näin ollen liikunnan fyysistä kuntoa säilyttävä vaikutus korostuu työntekijän ikääntyessä.

Liikunnan positiiviset vaikutukset tiedetään ja se, että hyväkuntoinen ihminen saa paljon aikaan myös vapaa-aikanaan. Eikö siis työpaikoilla kannattaisi entistä enemmän panostaa henkilökunnan liikuntaharrastuksen kehittämiseen ja tukemiseen?

Vai onko niin, että työntekijä on vain kertakäyttöhyödyke, joka viskataan "tehon" laskiessa pois?

Suomessa on viime vuosina toteutettu monenlaisia malleja, joilla työntekijöitä on houkuteltu liikunnan pariin, mutta ovatko ne purreet toivotulla tavalla? Näyttää siltä, että työpaikat ovatkin nykyisin vain "ulkoistaneet" työpaikkaliikunnan tarjoamalla liikuntaseteleitä.

Ajatus sinänsä on hyvä, mutta siitä jää puuttumaan työpaikan yhteisöllisyys. Vuosia sitten työpaikoilla toteutettiin puulaakipelejä tai kilpailtiin muuten toisten työpaikkojen kanssa. Edustettiin omaa työpaikkaa. Samalla luotiin työpaikalle yhteenkuuluvuuden tunne.

Työpaikoilla tulisi luoda työpaikkakohtainen varhaiskuntoutukseen liittyvä liikuntaohjelma. Ohjelmassa keskityttäisiin perusliikunnan pariin, joista hiihto ja kävely ovat eräitä parhaista. Olisiko suuri kustannuskysymys, jos työporukalle järjestettäisiin näin talvella niin hiihtotekniikan kuin suksien voitelun osalta oppia, tehtäisiin yhteisiä hiihtolenkkejä ja asetettaisiin liikunnallisia tavoitteita.

Työterveyshuollon taholta kerrottaisiin henkilökunnalle, miten usein kannattaa liikkua, kuinka kauan yhden liikuntakerran tulee kestää ja monta muuta tärkeää terveyteen liittyvää seikkaa.

Kiinalainen sananlasku sanoo: "Tärkein askel matkaan lähdössä on ensimmäinen askel, koska ilman sitä ei päästä liikkeelle". Sama pätee niin kuntoilun kuin työpaikkaliikunnan kehittämisen osalta. Entäpä jos ay-aktiivit sekä työsuojeluorganisaatiot olisivat tässä suhteessa aktiivisia?

Liikkumaan

– Kansainvälisessä vertailussa suomalaisen keski-ikäisen fyysinen kunto on heikko, lääkäri sanoo. Hän katsoo minuun vakavana ja painottaa, että keski-iässä on ihmisen viimeistään aloitettava huolehtimaan kunnostaan.

– Ikääntyminen, töiden muuttumisen ja yhä kovenevan työtahdin myötä on panostettava työkunnon eteen, lääkäri puhuu, ikään kuin en tajuaisi mitä hän sanoo.

– Pitäisikö minun siis aloittaa joku kunto-ohjelma, kysyn ihmetellen.

Kummeksun, miksi hän patistaa minua liikkeelle, enhän ole kuin hiukan ylipainoinen. Lääkäri ei perustele tarvettani vaan varoittaa kopioimasta toisten kunto-ohjelmia.

– Sinun ei kannata kopioida suoraan eri liikuntaohjelmia, sillä ne on suunniteltu juuri tietylle henkilölle.

Lääkäri kertoo kuinka UKK-instituutissa tehdyissä tutkimuksissa on todettu, että lisäämällä työmatkaliikuntaa saavutetaan huomattava kunnon ja terveydentilan paraneminen. Hän korostaa, että minun on ymmärrettävä terveysliikunta oikein.

– Terveysliikunnalla tarkoitettaan erillistä kuntoliikuntaa myös muissa yhteyksissä toteutettavaa terveyttä edistävää fyysistä toimintaa. Näitä ovat hänen mielestään esimerkiksi juuri työmatkojen kävely tai pyöräily. En kerro, että auto on minun tärkein liikuntaväline.

– Miten terveysliikunta on työpaikallasi hoidettu? hän kysyy yllättäen. Yritän kertoa hänelle kaukalopallojoukkueesta, mutta hän keskeyttää puheeni.

– Oikein suunnitellulla terveysliikunnalla on selvä merkitys yksilön terveydentilaan sekä yrityksen tulokseen. Kaukalopallo ei ole terveysliikunnan järjestämistä vaan muut toiminta.

Kuunneltuani hetken alan ymmärtää, että nyt on aika saada kaikki työyhteisöä tukevat verkostot kehittämään terveysliikuntaa työpaikoilla.

– Työpaikoilla tulisi yhteistyössä löytää niin yksilölle kuin työyhteisölle sopivat muodot toimia terveysliikunnan eteen. Tähän ei välttämättä tarvita suuria taloudellisia panostuksia. Liikunnan lisääminen on pienistä asioista kiinni, hän sanoo.

– Tarvitaanko tähän sitten tukea ja työntöä työyhteisön taholta, kysyn kummeksuen.

– On havaittu, että monilla harjoittelemattomilla henkilöillä on aikamoinen tarve lähteä mukaan liikuntaa jos vain löytyy tukea. Työyhteisön henkilöstön normaalia kehittämistä on kun luodaan myös liikunnallisia mahdollisuuksia. Näin työpaikka saa parempikuntoisen joukkueen pelaamaan paremmin.

Lääkärin lopetettua puheensa tajuan, että keski-iässä on tärkeää tehdä pysyviä muutoksia elämäänsä ja on otettava lisää askeleita arkipäivään. Päätän, että kevään hiihto- ja kävelylenkit ovat hyvä käyntiinlähtö, ainakin omalta osaltani terveysliikunnan eteen.

Liikettä niveliin ja työhyvinvointiin

Näin jälkeenpäin ajatellen sain loistoidean. Menin viideksi päiväksi urheiluopistolle keski-iän ylittäneiden ruskafiilis- lomalle. Vaikka alkuun ajatus liikuntalomasta iäkkäämpien henkilöiden kanssa mietitytti, lähdin avoimin mielin matkaan.

En pettynyt.

Päivät vierähtivät joutuin ja opin, kuinka liikunnan eri muotojen läpikäynti antaa uutta puhtia omaan kuntoiluuni ja kuinka se on tarpeellista myös hiukan varttuneimmillekin ihmisille.

Eräänä sen viikon iltana, liikunnasta raukeana, katselin televisiota. Kerrottiin Työterveyslaitoksen tutkimuksesta jossa todettiin, että ihmisten on omaan jaksamiseensa ja työuran pidentämiseen panostettava jo keski-iässä. Laajassa seurantatutkimuksessa oli havaittu, että heikoksi koettu terveys keski-iässä ennusti miesten, eläkeaikeita työuran loppupuolella.

Sinänsä tutkimus ei tuonut mitään uutta. Pitkään oli tiedetty, että henkilön kokema terveys ja työhyvinvointi ovat hyviä ennenaikaisten eläkeaikeiden ennustajia. Jo vuosia on sanottu, että työkykyä ja -hyvinvointia voidaan tukea muun muassa liikunnan tuoman kunnon ja hyvän johtamisen keinoin. Tämä on tärkeä tiedostaa sillä maassamme odottaa työväestön laaja ikääntyminen lähivuosien aikana. Tästä seuraa, että useat yritykset tulevat kohtaamaan tulevina vuosina työvoimapulaa. Miten he ovat varautuneet tähän?

Työvoimapulaan lääkkeeksi on esitetty, että työntekijöiden on tulevaisuudessa astuttava nuorempana työelämään ja jatkettava työntekoa useita vuosia nykyistä pidempään. Miten he sen jaksavat uupumatta, kun nykyiselläänkin työelämästä poistutaan alle kuusikymppisenä?

Monika von Bonsdorff tutki väitöskirjassaan työhyvinvointiin ja terveyteen liittyvien tekijöiden yhteyttä työntekijöiden eläke- ja työssä jatkamisaikeisiin. Hän osoitti, että nämä tekijät ovat merkittäviä aina keski-iästä alkaen. Pahoinvointiin liittyvät seikat, kuten työn välttäminen, yleinen passiivisuus ja osallistumishaluttomuus, ennustivat ikääntyneen työntekijän ennenaikaisia eläkeaikeita.

Työpaikoilla on työssä jaksamiseen liittyviä monia asioita joihin työntekijät eivät itse pysty vaikuttamaan. Oman itsensä niin fyysisen kuin henkiseen kuntoon voi jokainen meistä kuitenkin vaikuttaa monella tavoin, vaikkapa osallistumalla urheiluopistojen liikunnallisille lomille.

On hienoa havaita, että urheiluopistot ovat lähteneet vastamaan tähän haasteeseen erilaisten lomien muodossa. Toivottavasti niin työnantajat kuin työntekijät löytävät yhteisen kunnollisen tavoitteen osallistua työssä jaksamisen lisäämiseen.

Pahoinvointi työelämässä ei lisää maamme hyvinvointia. Hyvinvoiva työntekijä jaksaa paremmin ja kauemmin työssään.

Liikuttava työturvallisuusorganisaatio?

Useassa eri yhteydessä on todettu, että työyhteisöliikunnalla voidaan saavuttaa merkittäviä terveyshyötyjä varsinkin kun se otetaan tärkeäksi osaksi työpaikan toimintaa. Työpaikkaliikunnalla on myös vaikutus työpaikan sisäiseen ilmapiiriin. Tiedetään, että henkilöstön hyväksymät tavoitteet, hyvä työnjako ja laadukkaat toiminnat tukevat työhyvinvointia.

Mutta miten työhyvinvoinnin kehittämiseen liikunnan avulla on ay-kentässä ja työpaikoilla paneuduttu? On liikuttavaa huomata, kuinka vähän esimerkiksi työpaikkojen työsuojeluorganisaatioissa käsitellään yrityksen liikuntatoimintaa.

Työsuojelupaneelin piirissä joulukuussa 2012 tehdyn kyselyn mukaan valtaosa vastaajista katsoi, että työsuojelu- ja työhyvinvointitoiminta limittyvät ainakin osittain toisiinsa. Kyselyyn vastasi 796 työsuojeluhenkilörekisteristä poimittua työsuojeluvaltuutettua ja – päällikköä. Vastauksista kävi ilmi, että työpaikoilla toteutettavaa työsuojelutoimintaa ohjaa ensisijaisesti lainsäädäntö, toiseksi työpaikan omat tarpeet.

Voidaan oikeutetusti kysyä, onko unohtunut se, mitä laissa työsuojelun valvonnasta ja työpaikan työsuojeluyhteistoiminnasta todetaan? Yhteistoiminnassa on käsiteltävä "työkykyä ylläpitävään toimintaan liittyvät, työssä jatkamista tukevat ja muut työntekijöiden turvallisuuteen ja terveyteen vaikuttavat kehittämistavoitteet ja – ohjelmat".

Samainen laki toteaa myös: "Työsuojeluvaltuutettu edustaa työpaikan työntekijöitä käsiteltäessä 26 §:ssä tarkoitettuja asioita yhteistoiminnassa työnantajan kanssa."

Edellä mainitussa kyselyssä vastaajat näkivät työsuojeluhenkilöstön keskeisenä toimijana työsuojelu-, työterveyshuolto- ja työhyvinvointitoiminnassa. Missä määrin työsuojeluorganisaatiot ovat ottaneet työpaikkojen liikunta-asiat omakseen?

Olisiko nyt myös aika huomioida työpaikkaliikuntaan liittyvät kehittämisasiat työsuojeluorganisaatioon kuuluvien henkilöiden koulutuksessa? Tätä puoltaisi se, että työpaikoilla on pääsääntöisesti jo valmis organisaatio, kun vain se osaisi ja toisaalta haluaisi kehittää työpaikan liikuntatoimintaa.

Vähän vajaalla puolella työpaikoista oli pohdittu runsaasti tai jonkin verran mahdollisuuksia ja keinoja, joiden avulla oman henkilöstön työuria ja työssäjaksamista voitaisiin tukea. Suurella osalla työpaikoista näitä asioita ei ole pohdittu ollenkaan.

Työyhteisöliikunnan tavoitteeksi on asetettava pysyvien liikuntatottumusten omaksuminen. Tavoitteena on aktivoida liikkujaksi ihminen, joka ei tiedä tarvitsevansa liikuntaa ja jolla saattaa olla hyvinkin negatiivinen suhtautuminen liikuntaan.

Eikö juuri työsuojeluorganisaatio voisi olla työpaikan liikuttavin organisaatio? Uskon, että usealle työpaikalle sopisi liikunnan johtamisen ohjausryhmäksi juuri työsuojelutoimikunnat.

Tärkein asia liikunta-asioita työpaikalla edistettäessä on se, että niin yritys kuin ay-liike tukevat toimintaa rahallisen satsauksen, motivoinnin ja esimerkin avulla.

Dopingin käyttäjiä työelämässä

Vähälle huomiolle jäi uutinen jossa kerrottiin, että maassamme joka viides 18–29-vuotiaista "douppaa" jaksaakseen töissään. He käyttävät reseptillä saatavia psyyke- tai kipulääkkeitä parantaakseen työsuoritustaan. Huolestuttavaa on, että edellä mainitussa ikäluokassa lääkkeiden käyttö työssä pärjäämiseksi on yleisempää kuin muissa ikäryhmissä. Tämä tieto käy ilmi Ehkäisevä päihdetyö EHYT ry:n Taloustutkimuksella teettämästä kyselytutkimuksesta jossa selvitettiin lääkkeiden ja huumeiden käyttöä työelämässä. On huolestuttavaa, että nuoret aikuiset kokevat työelämän paineet usein liian koviksi ja turvautuvat lääkkeisiin parantaakseen työssä jaksamistaan.

Kyse on samasta ilmiöstä, kuin huippu-urheilussa, jossa pyritään tekemään parempia tuloksia dopingin avulla? Ainoana erona se, että urheilussa se on kiellettyä, ja urheilijoita testataan tiuhaan.

Dopingin käyttökieltoa perustellaan urheilijoiden tasavertaisella ja oikeudenmukaisella asemalla sekä urheiluhengellä: kukaan urheilija ei saa saada keinotekoista etua kilpailijoihinsa nähden. Miten sitten on työpaikoilla? Hyväksymmekö sen, että toiset voivat käyttää eettisesti ja terveydellisesti arveluttavia konsteja selvitäkseen muita paremmin töissään? Dopingin vastaista työtä perustellaan myös halulla suojata urheilijoiden terveyttä. Onko niin, että hyväksymme sen, että työssä voi käyttää kaikkia keinoja onnistuakseen miellyttämään yrityksen johtoa.

Miksi työnantajapuoli ei välitä, vaan hyväksyy asian. Onko se siksi, että näin menetellen lyhyellä aikavälillä saadaan yksittäisestä henkilöstä tuottavuutta lisää. Kun henkilö lopulta sairastuu, hänet voi seuraavissa yt-neuvotteluissa poistaa tuottamattomana. Entä, miten käy niiden työntekijöiden, jotka sinnittelevät "puhtaina" yhä lisääntyvien vaatimusten edessä? Ovatko he sitten jo ensimmäisten yt-neuvottelujen kohderyhmää?

Usea yritys ja yritysjohtaja ovat tuomitsemassa urheilun dopingin käytön ja vetämässä välittömästi pois sponsorirahansa. Ehkäpä myös näiden yrityksen työntekijöistä osa joutuu "lääkitsemään" itseään selvitäkseen työtaakkansa kanssa. Onko kyse yritysjohdon kaksinaismoraalista?

Niin henkistä kuin fyysistä kuormitusta ei kaikilla työpaikoilla vielä tunnisteta eikä siihen osata tai haluta puuttua. Työelämässä tuleekin kiinnittää entistä enemmän huomiota siihen, että työ on organisoitu niin hyvin, ettei työelämässä dopingia tarvita. Vai voisimmeko hyväksyä dopingin käytön urheilussa, sillä kyse on käyttäjämäärältään huomattavasti pienemmästä henkilömäärästä ja ongelmasta.

Levossa kunto nousee

Muista pyhittää lepopäivä on hyvä ohje. Kolmatta käskyä on joskus luonnehdittu maailman ensimmäiseksi työaikalaiksi. Muistammeko aina sitä?

Kuinka moni esimies, suunnittelija tai toimihenkilö tuo työt kotiin ja ahertaa viikonloppuna, vaikka silloin pitäisi kerätä voimia seuraavaa työviikkoa varten.

Pyhisin moni ahertaa tietokoneensa ja lähettää työhönsä liittyviä sähköposteja kotoaan. Mitä tämä kertoo lähettäjästä? Kertooko se ahkerasta työhönsä sitoutuneesta henkilöstä? Vai onko kyseessä työntekijä, joka ei osaa tehdä eroa vapaa- ja työajan välillä?

Ehkä tilanne onkin sellainen, että henkilöllä on niin paljon töitä, ettei hän ehdi niitä tekemään. Mitä se puolestaan kertoo hänen työpaikastaan?

Kyllein usein ei voi olla muistuttamatta levon ja työn oikeasta suhteesta ihmisen elämässä. Työ, oli se sitten kuinka mielenkiintoista tai haastavaa tahansa, aiheuttaa aina niin psyykkistä kuin fyysistä rasitusta. Jos ihminen ei lepää, rasitus kumuloituu kehoon ja mieleen. Alkuun vaarana on työtehon väheneminen ja lopulta ihmisen loppuun palaminen. Oikea työn ja levon suhde on pitkälti henkilökohtaista. Se riippuu siitä, mitä työtä tehdään ja millä intensiteetillä sekä työn kiireellisyydellä. Usein ihminen luulee jaksavansa enemmän kuin oikeasti sietää. Mikä sitten on hyvän johtajan ja esimiehen rooli? Toisaalta hän painii kovenevien tulostavoitteiden kanssa ja toisaalta hänen tulisi huolehtia niin omasta kuin alaistensa jaksamisesta.

Urheilua harrastaessani olen huomannut seuraavaa: Kun urheilija on hyvässä kunnossa, vaarana on, että hän alkaa harjoitella liian kovaa. Luulen, että tähän sortuu monen urheilijantuloskunto. Totta on, kun urheilija on saavuttanut tietyn kunnon, hänestä tuntuu jopa mukavalta tehdä koviakin harjoituksia. Jos kovat harjoitukset toistuvat liian usein, eikä urheilija ehdi kunnolla palautumaan, harjoitukset alkavat syödä peruskuntoa. Lopulta kunto romahtaa. Uskon, että näin käy usein myös työelämässä.

Urheilussa hyvä valmentaja laatii harjoitusohjelman yksilöllisesti. Hän huomioi kunkin urheilijan vahvuudet ja heikkoudet. Hän tarkkailee, miten urheilija suoriutuu ja palautuu harjoituksistaan.

Hyvä valmentaja järjestää myös urheilijalle terveydenhuollon ja muut tukitoimet. Näin tulisi myös työelämän hyvän johtajan ja esimiehen toimia.

Ihmisen loppuun palaminen johtuu pitkälti liian suurista suorituspaineista ja ihmisille asetettujen kaikkien vaatimusten summasta. Ihmiseen vaikuttavat niin työssä kuin vapaa-ajasta johtuvat rasitukset. Valitettavasti työpaikoilla liikkuu tälläkin hetkellä jopa tuhansia parhaassa työiässä olevia henkilöitä, jotka kantavat harteillaan liian suurta työtaakkaa.

Viime laman aikana, 1990-luvulla, monet työntekijät ajettiin ahtaalle. Heitä peloteltiin lomautuksilla ja irtisanomisilla. Moni ajoi säikkynä itsensä loppuun ja kaatui asetettujen mahdottomien tavoitteiden alle. Tapahtuuko jälleen samoin?

Valmentamisen vaikeus

Urheilijoiden ja urheilujoukkueiden kehittyminen on pitkälti kiinni urheilijoiden lahjakkuudesta ja oikeasta valmennuksesta sekä hiukan myös onnesta. Monelle lahjakkaalle urheilijalle on ollut onni saada hyvä valmentaja. Monesti käy kuitenkin niin, että lahjakas urheilija tai joukkue pilataan huonolla valmennuksella. Kukin urheilija on yksilö, joka tarvitsee aina henkilökohtaisen harjoitusohjelman, ei mitään monistetta, joka on samanlainen jokaiselle urheilijalle. Valitettavasti näitä monistevalmentajia on maamme pullollaan.

Hyvä valmentaja tietää, mikä on valmennettavansa lähtötaso, hän kuuntelee, miten urheilija kokee harjoittelun, muuttaa tarvittaessa ohjelmaa ja antaa jopa lepopäivän harjoittelusta. Hän näkee valmentamisen pitkäjänteisenä prosessina, jossa päätavoitteeseen päästään välitavoitteiden kautta.

Valmentaminen olisi varsin yksinkertaista jos saman harjoitusohjelman toteuttamalla kun on olympiavoittaja tai maailmanmestari tehnyt, saavutettaisiin sama tulos. Tai se, joka eniten harjoittelisi, olisi paras. Valitettavasti näin ei ole.

Jokainen urheilija on niin fyysisiltä kuin henkisiltä ominaisuuksiltaan erilainen. Se, miten valmentaja ottaa nämä huomioon, tekee hänestä hyvän tai huonon. Fyysisten ja henkisten ominaisuuksien lisäksi urheilija tarvitsee lajiin liittyvän teknisen ja taktisen osaamisen. Tässä valmentaja voi auttaa.

Joukkuelajeissa kalliilla hankittu joukkue saadaan huonolla valmennuksella pelaamaan huonosti, suorastaan surkeasti. Samoin kallis ulkomaalainen valmentaja ei välttämättä saa joukkuetta toimimaan parhaalla mahdollisella tavalla. Jokin osa-alue ei vain toimi. Totta myös on, ettei joukkueesta, joka koostuu keskinkertaisuuksista tai vanhenevista urheilijoista saa huippujoukkuetta millään. Hyvään kuitenkin on mahdollisuus.

Joukkueen valmentaminen on haasteellisempaa kuin yksilön. Joukkue on kokonaisuus, joka on pitkälti sellainen kuin sen heikoin lenkki. Joukkueessa jokaisella jäsenellä on oman roolinsa lisäksi niin fyysinenkin henkinen kuntonsa. Edellä mainitut ominaisuudet on valmentajan saatava koko porukalle samaan aikaan parhaaseen kuntoon.

Ongelmana monessa joukkuelajissa on pitkä kilpailukausi. Hyvin harva ihminen pystyy olemaan huippukunnossa puolta vuotta, entä miten on joukkueen laita? Valitettavaa on, että joukkuelajeissa tulisi olla kunnossa jo heti alkukaudesta.

Mistä johtuu joidenkin urheilijoiden tai joukkueiden suorastaan surkea menestyminen. Voidaan oikeutetusti kysyä: onko valmentaja tehnyt oikeita ratkaisuja? Ovatko urheilijat toteuttaneet annetut ohjelmat? Toimiiko urheilijan ja valmentajan suhde avoimesti? Onko joukkueella hyvä yhteinen henki?

Vanha sanonta "tulos tai ulos" voidaan kääntää ulos ja tulos. Esimerkiksi juoksijan, hiihtäjän tai pyöräilijän on turha kuvitella menestyvänsä, ellei ulkoiluta urheiluvälineitään tiiviisti. Sama koskee kaikkea urheilua. Harjoittelu on vain tehtävä kunkin yksilön lähtökohdista; vahvistamalla urheilijan vahvuuksia ja kehittämällä heikkouksia.

Liikuttavia ajatuksia

Astuin huoneeseen. Hän istui tammisen työpöytänsä takana ja katsoi minuun kummallinen ilme kasvoillaan.

– Ei näin voi kirjoittaa, hän sanoi. Hänellä oli kädessään kirjoitukseni työyhteisön kuntoliikunnasta.

71

– Nyt ei ole sopiva aika puhua työntekijöiden etuuksien hyvinvoinnin lisäämisestä. Ajattele miltä työttömistä tuntuu kun työssä oleville ajetaan etuuksia, hän jatkoi kiivaasti.

– Eikä tällaiseen sitä paitsi ole vaaraa kenelläkään.

Kirjoituksessa, joka oli esimieheni kädessään, korostin, että luomalla työyhteisöön mahdollisuus harrastaa kuntoliikuntaa lisätään työntekijöiden työmotivaatiota ja – kuntoa. Yritin selittää hänelle ajatuksiani:

– Motivoituneella, hyväkuntoisella työntekijäkunnalla saadaan yrityksen tulos paranemaan ja sairauskustannukset pienenemään.

– Nyt on kaikkialla säästettävä, hän sanoi ja jatkoi samaan hengenvetoon.

– Sinun täytyy kirjoittaa iloisista asioista. Ei aina saa ruikuttaa ja vaatia työnantajilta.

Hän oli tuohtunut siitä, että kirjoituksessani olin tohtinut tuoda esille yrityksemme henkilöstöpolitiikkaa. Oli tuonut esiin, että henkilöstön sekä fyysinen että henkinen vireys vaikuttavat todistettavasti yrityksen tulokseen. Olin myös kirjoittanut, ettei se riitä, että yrityksessä kerran vuodessa kasataan porukka johonkin kuntotapahtumaan.

– Kyllä kuntoliikunta on muutakin, sanoin. Esimieheni katsoi minuun.

– Nyt tarvitaan työelämässä työntekijöiden ja työterveyshuollon yhteistyötä sekä sopeutuvuutta.

Mieleeni tuli muutamia kysymyksiä: Mitä tapahtuu työterveyshuollolle tulevaisuudessa? Löytyykö urheilusponsoroinnilla ja työpaikkaliikunnalla yhteinen nimittäjä? En kuitenkaan saanut asioita kysyttyä. Hän katsoi minuun kummeksuen, ikään kuin en ymmärtäisi mitään. Ehkäpä hän oli siinä oikeassa.

– Sinä kirjoitat työssä olevien etujen lisäämisestä. Kuka miettii työttömien ja työttömäksi joutuvien ongelmia? Hänen sanansa saivat minut hätkähtämään. Ovatko työttömät jäämässä todella kaiken ulkopuolelle? Kirosin mielessäni.

– Eläkeikiä tullaan nostamaan julkisella ja yksityisellä puolella, hän sanoi. Silläkö sairaudet poistetaan, meinasin sanoa, mutta onneksi vaikenin.

– Siis työpaikkojen kuntoliikunnan kehittämisestä ei sitten kirjoiteta, vastasin.

Lähdin huoneesta vihaisena. Mietin kuinka tulevaisuudessa raihnaiset ihmiset raatavat ikäihmisinä. Olisiko sittenkin jotain tehtävä sitä ennen?

.....

Älä aina siirrä suunnitelmiasi.
Joskus on vain paras toteuttaa ne.

-Marita Enberg

KUNTOILIJAN VUODEN KIERROS

Hulluutta on se, että tekee samat asiat uudelleen ja uudelleen ja odottaa eri tuloksia.
– Albert Einstein

Laskeeko eliniän odote?

Rajamäen kuntorastit keräsi jälleen joukon liikunnan harrastajia etsimään rasteja. Siinä polkua pitkin hiljalleen juostessani minut ohitti keski-ikäinen mies kovasti puuskuttaen. Tiedän, että kuntorastit ovat hieno tapa liikkua luonnossa ja samalla kehittää omaa kuntoaan.

Muistammeko aina huomioida minkälainen liikunta ja rasitus ovat meille hyväksi? Suomalaisten liikuntaharrastuksen määrä on joidenkin tilastojen mukaan nousussa. Miksi kuitenkin suomalaisten fyysinen kunto on samaan aikaan laskenut? Huolestuttavaa on, että kunnon lasku on suurta nuorten ja työikäisen väestön keskuudessa. Liikuntafysiologi Matti Jääskeläisen tutkimusten mukaan joka kolmannelle suomalaiselle normaali kävelyvauhti alkaa olla kuormittavaa liikuntaa. Lisäksi joka kymmenes suomalainen on päivittäisissä askareissaan aivan uupumuksen partaalla.

Miten tämä sitten heijastuu suomalaiseen työelämään ja keskusteluun eläkeikien nostosta? Eikö se tarkoita sitä, että nykyisin joka kolmannella suoalaisella päivittäinen työ vaatii työntekijän kuntoon nähden liian suuria ponnistuksia. Näin työ uuvuttaa ja rasittaa sekä elimistö väsyy. Miten tällainen ihminen sitten jaksaa yli 65-vuotiaaksi työelämässä. Tuskin mitenkään?

Eräiden asiantuntijoiden mukaan keski-ikäisten huonosta johtuen odotettavissa onkin suomalaisten keskimääräisen eliniän odotteen lasku eikä nousu.

Suomalaisten heikentyneelle kunnolle on monta selitystä. Eräs on se, että perusliikunnan määrä, joka on selkeästi yhteydessä ihmisten fyysiseen kuntoon, on viime vuosina vähentynyt. Arkielämä ei juuri tarjoa ihmisille ruumiillista rasitusta. Näin ollen ihmisen liikunta on yksinomaan varta vasten toteutettavien liikuntatuokioiden varassa. Nyky-yhteiskunnan perusilmiöitä ovat – myös liikunnan alalla – varsin voimakas tehoajattelu. Se osaltaan selittää, miksi kaikki liikuntaharrastus ei välttämättä johda hyviin tuloksiin. Tiedetään, että lyhytkestoisella, kovalla teholla tehdyt harjoitteet enneminkin syövät peruskuntoa. Esimerkiksi kerran viikossa kovalla teholla suoritettu harjoitus ei välttämättä kehitä kuntoa, varsinkin jos mitään muuta liikuntaa ei viikonaikana ole.

Tulisiko myös työuupumusta jatkossa käsitellä fyysisen kunnon kautta? On selvää, että peruskunnon heikkous johtaa myös muihin ongelmiin työssä. Ongelmat voivat heijastua myös henkisenä pahana olona. vaikutuksena ovat väsymisen lisäksi stressaantuneisuus ja ääritapauksissa ihmisen täydellinen uupuminen.

Työmarkkinajärjestöjen, valtiovallan, kuntien ja työterveyshuoltojen tulee pikaisesti etsiä ratkaisuja, miten ihmiset saadaan huolehtimaan paremmin kunnostaan. Olisiko meidän nostettava aikuisliikunnan arvostus myös mediassa näyttävämmin esille? Entäpä jos palkittaisiin niitä henkilöitä, jotka huolehtivat kunnostaan. Pitkässä juoksussa se tulee huomattavasti halvemmaksi kuin pitkäaikaissairaiden hoito.

Yksi mainio keino on jo nyt käytössä oleva liikuntasetelit, joita voi käyttää vaikka suunnistustapahtumaan osallistumiseen. Silti lisäkannustimia tarvitaan.

Toipilaana

Sisällä olo ei ole liikuntaa harrastavalle helppoa. Ei varsinkaan, kun makaa flunssan vaivaamana kotona samaan aikaan, kun ulkona on parhain hiihtokeli. Katson ulos ikkunasta ja hoen itselleni, että tärkeää on muistaa, ettei sairaana tule lähteä ladulle. Ei vaikka kuinka mieleni tekisi. Sairaana harjoitteluun on moni kilpa- ja huippu-urheilija pilannut kautensa, joku jopa lopullisesti terveytensä. Maltti on valttia, vakuutan itselleni ja totean, että onneksi minulla on nyt mahdollisuus perehtyä asioihin, joihin muuten ei olisi aikaa.

Tutustun liikuntafysiologi Matti Jääskeläisen kehittämis- ja kokeiluprojektiin "Liikettä lihaksistoon", jossa hän tutki uutta lihaskuntotestiä kuntoilijoiden tarpeeseen. Minulle selviää, kuinka lihaskuntoharjoittelu vaikuttaa positiivisesti tuli- ja liikuntaelimistöömme. Opin myös, että suomalaiset osallistuvat erilaisiin kuntosali- lihaskuntoharjoitteluihin hyvin runsaslukuisesti. tästä huolimatta tuki- ja liikuntaelimistön ongelmien ja sairauksien yleisyys lisääntyy maassamme. Eikä tätä voida selittää pelkästään väestön ikääntymisellä.

Jääskeläinen esittääkin kaksi kysymystä: Onko suomalaisten suorittama lihaskuntoharjoittelu oikeaa ja oikealla tavalla suoritettua? Miksi suoritettu harjoittelu ei vaikuta ihmisten tuki- ja liikuntaelimistön kuntoon ja toimintakykyyn halutulla tavalla?

On nähtävissä, että kuntosaleilla harjoittelua leimaa mitä moninaisin harjoittelunimikkeistö ja hyvin suuri tehokkuuden korostaminen. Unohtuuko bodypumpin, zumban, circuitin, tai vaikka crossingin tohinassa yksilöllisyys ja kunkin henkilön peruslähtökohdat? Ryhmäliikunnalla on omat hyvät ja huonot puolensa. Liikunnan myönteisten vaikutusten aikaansaanti edellyttää kuitenkin liikuntaohjelmalta yksilöllisyyttä, fysiologiset tosiasiat huomioivaa, tarkkaa ja kuntoilijaa motivoivaa harjoittelua. Ryhmäliikunta on monesti motivoivaa. Jos harjoittelun lähtökohtana on kuitenkin tieto yksilön fyysisen kunnon lähtökohdista, se ei kuitenkaan ryhmäliikunnassa toteudu.

Kunto-ohjelman perustana tulee olla asianmukaiset testit ja niiden perusteella suunniteltu liikunta. Yksilöllisen ohjelman avulla voidaan kuntoilijaa ohjata hänen kannaltaan tarkoituksenmukaiseen suuntaan. Tähän ei kuitenkaan pyritä monellakaan kuntosalilla. Tärkeämpää näyttää olevan enemmänkin suuret osallistujamäärät kuin persoonakohtaisesti suunniteltu harjoitus.

Kun sairauteni jälkeen aloitan jälleen liikunnan harrastamisen, on selvää, etten voi lähteä tekemään harjoittelua samalta tasolta kuin ennen sairastumistani. Mistä sitten ryhmäliikuntaa vetävä ohjaajani saa tietää, että olen toipilas? Jos sanon sen hänelle, hän toteaa todennäköisesti, että ottaisin hiukan kevyemmin. Mutta kuinka oikeasti tulee käymään? Ohjaajan innostaessa ja tsempatessa muita kovaan harjoitukseen, tempaudunko sittenkin täyteen vauhtiin?

Kuntoilijaa kyykytetään

Moni muistaa entisen hiihtäjättären kuuluisan kiroilun, kun hän huusi havuja ladulle. Nyt voisi joku puolestaan kiroilla lunta ladulle. Lämpimät ilmavirtaukset pitävät lumisateet kaukana. Ilmastomuutos – tai mikä ihme se nyt on – jyllää ja eteläsuomalainen kuntohiihtäjä näkee vain unissaan hohtavia hankia.

Eletään maaliskuun alkua ja moni hiihtokisa kuntotapahtuma on valitettavasti jouduttu perumaan. Juuri nyt, kun suomalaisella maastohiihdolla menee kohtuullisen mukavasti, lunta ei ole Etelä-Suomessa kuin nimeksi.

Onneksi niin Hyvinkään kuin Riihimäen kaupunkien liikuntatoimet ovat olleet ajan tasalla ja tehneet oman osuutensa hiihtoharrastuksen mahdollistamiseksi. Molemmista kaupungeista löytyy lyhyet tykkilumilenkit, joilla pystyy paremman puutteessa sujuttelemaan suksilla. On varsin perusteltua antaa molempien kaupunkien työntekijöille tästä vilpittömät kiitokset.

Tosin hiihto ei ole ainoa liikuntalaji, joka kärsii lauhasta säästä. Luistelukentillä ovat jäät sulaneet ja luistimilla ei edes järville ole asiaa. Varsinkin kun jäät alkavat kohta olla vaarallisen ohuita. Kunnon liikkuja ei anna olosuhteiden vaikuttaa omaan liikunnanharrastamiseensa. Jos lyhyen ladun kiertäminen alkaa tympiä, on vain löydettävä toisia, korvaavia liikuntamuotoja. Ja niitähän lähiseudulta löytyy.

Perinteinen sauvakävely tuntuu maaliskuussa hiukan oudolta, mutta se on mitä parhainta kuntoilijan perusharjoittelua. Tunti reipasta kävelyä tekee hyvää niin fyysiselle kuin henkiselle hyvinvoinnille. Samoin on juoksulenkkien laita. On vain lähdettävä ulkoiluttamaan lenkkitossujaan.

Hyvinkäällä on myös mahdollista harrastaa suunnistusta, kun Hyvinkään Rasti järjestää korttelisuunnistuksia. Kaupungin katujen ja korttelien kiertäminen saa näin uutta näkökulmaa.

Jos ulkoliikunta tuntuu jostain syystä vaikealta, lähiseudulta löytyy lukuisia kuntosaleja, joissa voi tehdä mitä moninaisimpia harjoituksia. Eräs omista suosikeistani on spinning, joka on tehokas kuntoilumuoto. Aloituskynnys siinä ei ole korkea, sillä jokainen osaa polkea pyörällä. Nivelystävällinen harjoitus on myös turvallinen.

Kuntosalilla ei välttämättä tarvitse käydä, sillä kotonakin pystyy tekemään monenlaisia harjoitteita. Eräs viimeaikojen innostus on kyykkytalkoot ohjelma, johon lähtötasosta riippumatta jokainen voi osallistua. Koska edellisestä kyykkyyn ylös harjoituksestani on vierähtänyt pitempi tovi, aloitan ottamalla pöydän reunasta liikkeen aikana tukea, tai menen kyykkyyn ja nousen ylös tuolia apuna käyttäen. Kun päivittäin teen muutaman kymmenen kertaa tämän liikkeen, kuukauden päästä huomaan, kuinka jaloissani on toivottavasti voima lisääntynyt.

Tein parhaani

Olin Kalevan Kierroksen pyöräkilpailussa. Mediaa ei ollut paikalla, kuten Rion olympialaisissa. YLE ei lähettänyt TV-kuvaa edes parin sekunnin vertaa. Helikopterit eivät pörränneet reitin yläpuolella, kuten suurissa pyöräkilpailuissa. Ehkäpä vain pelloilla lehmät katselivat suurin silmin kun me kuntoliljat poljimme. Kenties joku ohikulkija saattoi katsoa ihmeissään ja ajatella; eikö noilla ole parempaa tekemistä.

Suurin osa meistä kalevankiertäjistä on kilpakuntoilijoita. Olen monesti ihmetellyt, miksi Suomessa ei kilpakuntoilua ja veteraaniurheilua juurikaan arvosteta? Varsin vähälle huomiolle jäi Petteri Muukkosen veteraanien maailmanmestaruus Tallinnassa. Ai, mikä oli Petterin laji? Siinäpä se ajatus juuri on. Kyllä moni suunnistaja hänet tietää, mutta tunteeko suuri yleisö?

Kuudesta kestävyyslajista koostuvaa Kalevan Kierrosta on järjestetty jo neljäkymmentä vuotta. Kierroksen kehitti vuonna 1976, silloin Leppävaaran Sisua edustanut Pauli Arbelius. Nyt jo yli 70-vuotias Arbelius on vieläkin tuttu näky erilaisissa hölkkätapahtumissa.

Kalevan Kierroksen reilun 300 osallistujan joukossa on henkilöitä, jotka ovat olleet alusta asti mukana. Kun yli kuusikymppinen luistelee talvella 30 kilometriä, lopputalvesta hiihtää 45 kilometriä, keväällä juoksee puolimaratonin, keskikesällä soutaa 30 kilometriä, elokuussa pyöräilee 66 ja lopuksi syyskuussa suunnistaa reilun 10 kilometriä, siinä on suomalaisille mallia. Eikö tällaista urheilijaa voitasi valita vuoden urheilijaksi?

Huippu-urheilua puolustellaan sillä, että se toimii esimerkkinä nuorisolle liikunnan tarpeellisuudesta. Kuinka maassamme on käynyt? Puolustusvoimien mittausten mukaan nuorison kunto on rapautumaan päin. Samaan aikaan maan hallitus kaavailee eläkeikien nostoa. Entistä huonokuntoisemmat pistetään entistä pitemmille työurille. Jokin tässä yhtälössä ei mielestäni toimi.

Itse uskon, että liikunta, urheilu ja jopa kilpailunomainen kuntoilu ovat hyväksi ihmiselle ja hänen jaksamiselle työelämässä ja sen jälkeen. Kuntokilpailut antavat tavoitteita ja lisäävät motivaatiota. Varmaankin juuri tällaiset kalevankierrokset, niiden monipuolisuus ja yhteisöllisyys antavat intoa jatkaa liikuntaa vuodesta toiseen. Näitä tapahtumia tarvitaan maahamme. Tarvitsemme läpi elämän tapahtuvaa liikuntaa.

Miksihän kukaan median edustaja ei tullut minulta kysymään, miltä nyt tuntuu, kun väsyneenä ja hikisenä poljin maaliin. Kalevan Kierroksen pyöräilyni jälkeen en noussut palkintokorokkeelle.

Lopulta, mitä eroa sillä on, onko Kalevan Kierroksen omassa sarjassa tai olympialaisten keihäänheitossa kuudes, kun vain on tehnyt parhaansa katsonut, mihin se riittää

Kuntoilijan vuoden kierros

Sään kallistuessa kohden syksyn sadepäiviä ja kesän kuntotapahtumien jäädessä historiaan on aika jälleen katsella, mitä tulikaan tehtyä viime kuukausien aikana oman kunnon eteen. Tarkastelu antaa myös hyvän pohjan suunnitella, miten omaa liikuntaa voi syksyn ja talven aikana edelleen kehittää.

Omalta osaltani menneet kymmenkunta kuukautta kuluivat vaihtelevalla menestyksellä, pitkälti kuuden kestävyyslajin piirissä. Tämän mahdollisti osallistumiseni Kalevan Kierrokseen, jossa lajeina ovat luistelu, hiihto, juoksu, soutu, pyöräily ja lopuksi vielä suunnistus. Lajikirjo kattaa siis pitkälti ulkona suoritettavista lajeista.

Kalevan Kierroksen idea on siinä, että lajit vaihtuvat muutaman kuukauden välein, joten harjoittelun painopisteet muuttuvat. Näin myös liikunnasta ei muodostu yksitoikkoista ja sopivia haasteita löytyy sopivin välein.

Kalevan Kierroksen suoritusmatkat ovat myös sen verran pitkiä, ettei niihin kannata ihan kylmiltään lähteä. tosin on niitäkin uskalikkoja, jotka varsin vähällä liikunnalla ovat mukaan lähteneet. Vanha totuushan on, ettei matka tapa vaan vauhti.

Tänä vuonna kesän harjoitteluni painottui pitkälti pyöräilyyn, koska se on lajina hieno peruskunnon rakentaja ja kesän säätkin suosivat pyöräilijöitä.

Valitettavasti "kuntopiikkini" ei sattunut Hyvinkään lähiteillä kisassa kohdalleen, mutta maaliin tuli poljettua. Olin tainnut unohtaa levon ja harjoittelun oikean suhteen.

Kalevan Kierros 2013 saatiin päätökseen Suomusjärven Sisun järjestäessä syyskuun puolessa välissä suunnistuskisat. Kalevan Kierroksen moniottelijakuninkaaksi selvisi Juha Prittinen ja kuningattareksi Katja Koivulahti. Onneksi olkoon! Oma sijoitukseni oli "ynnä muiden" joukossa. Lohdutuksekseni ajattelinkin, ettei pääasia ole voitto, vaan mukavaan kuntoilijaporukkaan kuuluminen.

Kuntoilun aloittaminen kohden uutta vuotta, ja mahdollisesti myös jälleen Kalevan Kierrosta, on nyt mietteissäni. Mitkä ovat ensi vuoden tavoitteeni ja miten tavoitteeseeni pääsisin, sen ratkaisen ennen ensi kuun alkua.

Syksy on sopiva aika meille kuntoilijoille kuin myös kesälajien kilpaurheilijoille pitää pieni hengähdystauko, jonka jälkeen voimme kukin lähteä uudella innolla kohden ensi vuoden tavoitteitamme.

Kuntoliikkujan terminen kevät

Vaikka huhtikuu on jo pitkällä, hiihtokansan kannalta säät ovat olleet suosiolliset. Tuskin koskaan huhtikuun puolenvälin tienoilla on näin etelässä pystytty hiihtämään, varsiinkin näin hyvillä latu-urilla. Syy hyviin latu-uriin ei yksin ole myöhässä olevalla keväällä, vaan Hyvinkään kaupungin laduntekijät ovat tehneet parhaansa. Siitä he ansaitsevan kiitokset.

Terminen kevät, eli aika jolloin lumet alkavat sulaa ja vuorokauden keskilämpötila nousee nollan yläpuolelle, on tosiasia. Tämä tietää kuntoliikkujan ja penkkiurheilijan kannalta jälleen uutta aikaa. Kuntoliikkujan sukset ja monot joutavat varastoon ja uudet liikunta-välineet kaivetaan esiin. Penkkiurheilijalle puolestaan on TV:ssä talvilajien jälkeen nähtävissä niin formulaa kuin futista. Lähiseudun lukuisat urheiluseurat tarjoavat monia erilaisia mah-dollisuuksia liikunnan harrastamiseen. Nyt voidaan ottaa lenkkitos-sut esille. Lehdistä löytyy tietoa käynnissä olevista niin juoksu- kuin suunnistuskouluista.

Mikä onkaan mukavampaa kuin liikkuminen keväisessä luonnos-sa, vaikka rasteja hakien. Lyhyen matkan päässä löytyy kuntorasteja lähes jokaiselle arki-illalle. Ensimmäiset iltarastit ovat jo etsitty ja ensimmäiset juoksu- ja hölkkätapahtumat ovat lähipäivinä edes-sämme. Ei mene kovinkaan montaa päivää kun tiet ovat saatu puh-distettua hiekasta ja voimme hakea polkupyörämme varastosta ja lähteä kiertämään lähiseudun hienoja maisemia. Jälleen edessä on myös Hyvinkään ja Riihimäen välisellä tiellä "pyöräkisa", jossa mita-taan osanottokertojen määrää. Eiköhän olisi hyvinkääläisten aika vihdoinkin voittaa tämä kevään pyörätapahtuma?

Erilaiset kuntotapahtumat ovat oivallisia kuntoilijan tavoitteita. Monella liikkujalla on mielessään puoli- tai koko maratonin juokse-minen. Toisilla mielessä siintää vaikka Jukolan viesti ja sen mahtava "suunnistusperheen" tapahtuma. Jotkut ovat ottaneet haasteek-seen Kalevan Kierroksen, jossa vuoden aikana suoritetaan kuusi kovaa kestävyystapahtumaa.

Heille kaikille kevät antaa uutta puhtia harjoitella kohti omaa ta-voitettaan, oli se sitten vaikka Hyvinkäällä elokuussa järjestettävä Kalevan Kierroksen pyöräily.

Kevään innostuksen vallassa on muistettava muutama liikuntaan liittyvä tosiasia. Ensiksi, sairaana ei saa harjoitella. Toinen yhtä tär-keä seikka on ymmärtää levon ja liikunnan oikea suhde. Usein suu-ren innostuksen vallitessa unohdamme sen, teemme turhan paljon ja turhan kovia harjoituksia. Tosiasia on, että levon aikana se kunto nousee.

Urheilukenttien katsomot ja TV tarjoavat meille monenlaista katsottavaa: jääkiekon MM-kisat, jalkapallokauden avauksen, pyöräilyn suuret klassikot sekä monta muuta kilpailua. Vaikka kisaa katsoessamme sykkeemme hetkellisesti nousisi jännityksestä, meidän on muistettava, ettei katsomossa istumalla oma kuntomme nouse. Meidän on siis itse liikuttava. Lähiseutu ja sen urheiluseurat antavat siihen upean mahdollisuuden.

Ota oikea suunta – mene metsään

Ilta-aurinko loistaa puiden takaa. Lämmintä on liki kymmenen astetta. On kevään ensimmäisen kuntorastikilpailun ilta. Muutama tuttu juoksee hikisenä metsästä ja leimaa viimeisellä rastilla. Heillä on ohut suunnistuspuku yllään. Katselen ympärilläni olevia nuoria ja aikuisia ja mietin, olenko laittanut liikaa vaatteita päälleni. Tiedän metsän olevan helppokulkuista kangasmaastoa, jossa juokseminen on mukavaa, varsinkin kun metsässä on talven lumesta vain muisto jäljellä.

Otan suunnan kohden ykkösrastia. Se sijaitsee parinsadan metrin päässä pienen kuopan pohjalla. Hölkkään rauhallisesti eteenpäin. Erkaannun polulta kohden rastia, joka löytyykin tällä kertaa yllättävän helposti. Myöhemmin minulle selviää, että ykkösellä leimatessani olen jäänyt kärjestä jo muutaman minuutin, mutta sillä ei ole väliä.

Suunnistaessani haen rastien lisäksi kuntoa. Metsässä koetut elämykset, aivotyöskentely sekä luonnon moninaisuus ovat asioita, jotka kuuluvat tämän upean urheilulajin kuvaan. Jo vuosikymmeniä olen tiennyt, että metsä tarjoaa oivan paikan latautua työpäivän jälkeen ja samalla voi kokea liikunnan sekä rastien löytämisen riemua.

Seuraavat rastit ovat helppoja. Viitosrastia lähestyessäni huomaan, että edellä juokseva sinipaitainen suunnistaja kaartaa vasemmalle. Päätän kuitenkin kiertää kumpareen oikealta puolelta.

Kun näen rastilipun, tajuan tehneeni reitinvalintavirheen, sillä sinipukuinen on jo leimannut ja jatkaa kauempana kohden seuraavaa rastia.

Lähestyessäni kymppirastia näen edelläni nuoren, hoikan tytön, joka juoksee jäntevin askein suoraan rastille. Tajuan, että kuntorastit ovat upeita, sillä ne palvelevat myös aktiivisia kilpa- ja huippusuunnistajia niin harjoitustilanteina kuin iltakilpailuina. Harva urheilumuoto voi toimia samalla tavalla: tavalliset kuntoilijat yhdessä huippujen kanssa.

Kesällä Kytäjän vaativassa maastossa juostava Jukolan ja Venlojen viestit ovat myös hieno esimerkki siitä, kuinka aivan tavalliset kuntoilijat voivat toimia yhdessä huippujen kanssa.

Lopulta leimaan viimeisellä rastilla ja ajattelen, kuinka suunnistuskausi on hienosti avattu. Tällä kertaa maasto oli ehkä hiukan helppoa, se kuitenkin antoi mukavan olon sekä tunteen siitä, että rastit löytyvät.

Toivottavasti kesän Kytäjä-Jukola antaa oikean suunnan lähiseudun kuntoilulle ja suunnistusharrastukselle. Suunnistus on hieno laji, joka sopii jokaiselle kunnostaan huolehtivalle.

On hienoa, että monet lähiseudun kuntoilijat ovat oivaltaneet, että metsä antaa hyvän mahdollisuuden opetella luonnossa liikkumisen ja suunnistamisen taitoja. Silti lajin pariin ja metsään mahtuu vielä satoja ihmisiä.

Kansanedustaja metsässä

Huomaan hämmästyneenä, että kansanedustaja Risto Kuisma etenee metsässä. Hän ei kulje päin mäntyä, vaan harppoo hiukan poukkoillen sinne tänne. Selvästi näkyy, että hänellä on jokin päämäärä, mutta kulku näyttää epävarmalta ja vaikealta. Pelkääkö hän kompastuvansa?

Alkumatkan Kuisma on edennyt selvästi vasemmalla. Yhtäkkiä näen kuinka hän alkaa kaartaa jyrkästi oikealle. Huomaan selvästi, että Ristolla on väärä suunta. tiedän, että Keski-Uusimaa rastien kolmosrasti on sadan metrin päässä vasemmalla. Johtuuko Riston virhe iän tuomasta näen heikkenemisestä vai osaamattomuudesta? Viettääkö rinne hänen jalkojensa alla nyt liikaa oikealle? Lähtiessäni kolmosrastilta, näen kuinka Risto on korjannut suuntaansa ja leimaa perässäni. Hän jää hiukan tottumattomasti ottamaan uutta suuntaa. Selvästi huomaa, että Risto on suunnistusuransa alkumetreillä.

Monet poliitikot jäävät ensimmäisellä eduskuntakaudella vanhojen konkareiden varjoon. Heidät pelataan monesti vilttiketjuun tai muuten sivustakatsojiksi. Rajun ay-taustan omaavan Riston näytöt eivät riittäneet demarijohdolle kun ministeripalleja jaettiin. Risto joutui jäämään paitsioon, sivustakatsojaksi. Myös Arto Bryggare kompuroi vielä eduskuntataipaleensa ensi aidoissa.

Suomalaisessa yhteiskunnassa on tapahtunut selvää uusliberalismiin viittaavaa oikeistolaistumista. Laman myötä on keskinäinen solidaarisuus kaikonnut. Demarien ja myös kansalisten piiriin on paljolti muototutunut oman edun ajattelu. Moni kokee kulkevansa oikealla tiellä ajatellessaan vain omaa etuaan.

Suunnistus on yksilölaji, jossa ratkaisee monen taidon hallinta. On toisaalta osattava kulkea yksin, on luettava karttaa oikein, pidettävä oikea suunta, löydettävä oikea rasti ja vauhdin on oltava sellainen, että se sopii omalle taidolle ja kunnolle.

Suunnistus on myös joukkuelaji. Siinä viestikilpailujen lisäksi korostuvat yhteiset harjoitukset ja neuvot. Jos tuntee itsensä epävarmaksi, voi pyytä myös kaverilta apua. Suunnistustapahtuman jälkeen on syytä käyvä läpi se missä tuli matkan varrella tehtyä virheitä.

Muistaako Risto Kuisma kaiken tämän?

Kulkiessani kohti nelosrastia toivon, ettei Risto lähtisi poukkoilemaan taas liikaa oikealle, sillä siellä on paha jyrkänne.

Metsässä liikkuminen on mielenkiintoista, se opettaa nöyryyttä. Joskus kun luulee, että menee oikein hyvin, niin voikin löytää itsensä upottavalta hetteiköltä tai ylipääsemättömän jyrkänteen juurelta.

Liikkuvuutta lisää

Luennoitsija katsoi silmälasiensa yli ja sanoi:
– On paljon asioita, joita ei urheiluvalmennuksessa ole kyseenalaistettu. Nyökyttelin päätäni, sillä olin samaa mieltä hänen kanssaan. Istuin luentosalissa vaitonaisena kolmenkymmenen muun kuulijan kanssa. Saimme tietää, että kuntoilijat ja kilpaurheilijat tekevät liian yksipuolista harjoittelua.

Mietin toteuttaako monikaan urheilija, saati kuntoilija minkäänlaista palauttavaa venyttelyä liikuntasuorituksensa jälkeen. Oivalsin, että myös minun olisi notkeuteeni ja liikkuvuuteeni kiinnitettävä huomiota. Mutta, kun aikaa ei ole, eikä varsinkaan halua.

– Kun opetellaan kehon hallintaa, ei opetella mitään uutta. Tarvitsee ottaa vain lapsuuden aikuiset jutut käyttöön, luennoitsija sanoi ja jatkoi katsoen minuun.

– Olisi helpompaa, jos ei menettäisi lapsena oppimia taitojaan. Sitten luennoitsija oli hetken hiljaa ja heijasti kankaalle kuvan uuden kuvan tietokoneestaan.

– Murrosikäisiä tulisi kannustaa lisäämään liikkuvuuttaan, varsinkin jos he ovat kömpelöitä.

Luennoitsija ei kohdistanut sanojaan erityisesti minulle, mutta tunsin piston omassatunnossani. Olin nuoruudessani kankea kuin rautatanko. Urheilu oli kivaa, mutta voimistelu myrkkyä. Silti juoksu kulki ja pallon perässä oli kiva juosta. Voimistelu ja liikkuvuuden harjoittelu olivat tuskallista ja turhauttavaa.

Nykyisin selkäni on kipeä, jalat puupökkelöt ja juoksuvauhtinikin on hiipunut lähes laahustamiseksi. Lohdutukseksini kuulin, että kehon venyttelyä liikkuvuutta voidaan opetella. Eikä se luennoitsijan mukaan ole iästä kiinni. Opin, että kehon hallinta on lihasten yhteistyötä. Niiden kehittämiseen löytyy monenlaisia menetelmiä: Pilatesta, Method-putkistoa, Alexsander-tekniikkaa ja vaikka mitä. Mutta, mikä niistä soveltuisi minulle?

Luennoitsija kertoi, että eri venyttely- ja koordinaatioharjoittelun avulla ihminen oppii tuntemaan, miten motoriikka kehossa toimii.

– Kaikki urheilulajit juoksusta alkaen ovat taitolajeja ja vaativat oikeaa suoritustekniikkaa. Kehoa tulee hallita ensin hitaassa liikkeessä.

Luennoitsijan mukaan monessa urheilulajissa olisikin syytä harjoitella tekniikkaa hitaan liikkeen kautta, sillä hitaassa liikkeessä sen hallina on helpompaa kuin vauhdikkaassa. Esimerkiksi itämaisissa lajeissa liikkeet tehdään aluksi hyvin hitaasti, mutta tosipaikan tullen ne voidaan tehdä todella nopeasti. Minullakin on siis toivoa, sillä juoksuni kulkee vuosi vuodelta yhä enemmän ja enemmän kuin hidastetussa filmissä.

Olisikohan minun myös juoksun lisäksi joskus myös venyteltävä? Ehkäpä sitten laahustamiseeni löytyisi uutta vauhtia ja liikkuvuutta.

Oikea matka - oikea asenne

Helsingissä toukokuun alussa juostu Helsinki City Run osoittautui reilut 400 metriä alimittaiseksi. Alkuun järjestäjät suhtautuivat varsin kielteisesti osallistujilta tulleisiin viesteihin siitä, että heidän urheilutietokoneensa kertoivat reitin lyhyydestä.

Juoksun alimittaisuus ja järjestäjien asenne kirvoitti kansan kärttyisän käden kirjoittamaan sosiaalisessa mediassa tyyliin: "Naurettavaa HCR toimintaa, kun mitään eivät myönnä ennen kuin on aivan pakko eikä kukaan enää usko heitä." Myös tämän tyyppisiä kirjoitteluja löytyi: "HCR:n järjestäjä on niin pihalla, että jos ne järjestävät Cooper-testin, niin sekin olisi todennäköisesti alimittainen."

Massatapahtumien järjestäjien tulee muistaa, että nykypäivänä yhä useammalla kuntoilijalla on GPS-seuranta, syke- ja askelmittari lenkillään. Varmaa on, että myös ennätyksellisen yli 17000:n osallistujan HCR:ssä, näitä vempaimia oli satoja, ellei tuhansia. Tämä asettaa niin HCR:n kuin muidenkin kuntotapahtumien järjestäjille haasteen juoksumatkan oikeellisuudesta.

Kuvastaako Suomen Urheiluliiton nuiva asenne muutenkin liiton suhtautumista suomalaiseen kestävyysjuoksuun? Onko sille tärkeää tehdä vain hölkkäkansan rahoilla maksimaalinen voitto? Liiton kolme suurta tapahtumaa: Naisten kymppi, HCR ja Helsinki City Marathon keräävät kymmeniä tuhansia osanottajia, jolloin euroja ropisee liiton kassaan melkoisesti. Kuitenkaan liitolla ei ole halua lähettää edes edustusjuoksijoita Pohjoismaiden mestaruuskilpailuihin.

Monelle kuntoilijalle on tärkeää vertailla kuntonsa kehittymistä, joten juostujen matkojen tulee olla vertailukelpoisia. Tietysti reitit ja olosuhteet vaihtelevat, mutta virallisesti tilastoitavilla matkoilla, kuten puolimaraton, matka on oltava oikein mitattu.

Monet kuntoilijat vertailevat eri juoksujensa aikoja toistensa kanssa. Tällöin ei ole samantekevää, kun toinen on juossut puoli kilometriä lyhemmän matkan.

Jos haluaa juosta oman ennätyksen, silloin ei kannata lähteä tapahtumaan, jossa suuret massat täyttävät juoksureitin ja ohittaminen on varsin vaivalloista, kuten HCR:llä.

On myös kuntoilijoita, joille ei ole merkitystä, onko matka puoli kilometriä lyhempi. He nauttivat tapahtuman hyvästä tunnelmasta, johon myös järjestäjien tulisi panostaa. Tämä on huomattu esimerkiksi Tukholman maratonilla, jossa reitin varrella eri esiintymisryhmät kannustavat juoksijoita.

Suomessa valitettavan monessa massajuoksutapahtumassa on tarjolla vieläkin vain korkea osanottomaksu ja muutama mukillinen urheilujuomaa. Kaikesta edellä olevasta huolimatta, meidän tulee löytää oikea asenne tapahtumien järjestämiseen ja kuntoiluumme. Se ei saa olla ryppyotsaista puurtamista vaan hauskaa ja palkitsevaa. Silti pelkään, että moni kuntoilija äänestää jaloillaan ensi kevään HCR:n koittaessa.

......

Kaikkien saavutusten paras puoli
on ihmisen voitto itsestään.
Ne, jotka ovat tällaisen kokeneet,
eivät koskaan voi kokea tappiota.

-A.J. Cronin

VOITTAMISEN VAIKEUS

Ihmeitä ei pidä odotella. Ihmeitä pitää tehdä.

– Tommy Tabermann

Potkuja ja pommeja

Oli lauantai, kesäkuun kuudennen päivän ilta. Ensimmäinen pommi räjähti kymmenkunta metriä takanamme. Sen ääni kiiri voimakkaana ja hetken päästä aistimme kitkerän savun, joka leijaili ympärillämme. Kahdeksanvuotias tyttären poikani hätkähti ja katsoi pelokkaana taakseen. Hän ei sanonut mitään vaan suuntasi katseensa jälleen kentälle, jonka pohjoisreunaa kiersi kymmenen poliisin muodostama ketju. Tunnelma oli minulle uusi. Vaikka olin monesti ollut "Stadikalla", en sellaista ollut kokenut.

Olin nähnyt, kuinka pommit ulkomailla paukkuivat ja kuinka televisiokuvat kertoivat, miten ruumiita kannettiin "taistelutantereilta." Ehdin miettimään, oliko samanlainen meno tulossa Suomeen. Olihan niin, että maassammehan toiset kaipasivat todellista "jalkapallokulttuuria".

Kello oli 19.13, kun Fischer petasi paikan Frickille, joka laukaisi lähietäisyydeltä pallon Jussi Jääskeläisen selän taakse. Näin pieni ruhtinaskunta Sveitsin ja Itävallan välistä otti johdon. Minua kummastutti, kuinka väkiluvultaan Hyvinkäätä pienemmän maan joukkue pelasi niin hyvin.

Kului parikymmentä minuuttia, kun Eremenko teki loistavan esityön Forssellille, joka latasi pallon takanurkkaan. Suomi tasoitti tilanteen ja "taisteluhuudot" voimistuivat ja täyttivät korvamme. Meteli kantautui pitkälle Töölön lahdelle ja kentällä Mikael Forsell tuuletti maalia.

On kulunut 71 minuuttia pelin alusta, Roman Eremenko syötti Jonathan Johanssonille. Hänen hurja kuti painui takanurkkaan. Pohjoiskaarteen puolivälissä punainen soihtu roihuisi sillä Suomi siirtyi

2-1 johtoon, ja raivokkaat kannatushuudot täyttivät ilman. Kellon lähestyessä ilta yhdeksää, ottelu päättyi Suomen voittoon, mutta hurja meno jatkui pohjoiskarteen fanikatsomossa. Stadionilta poistuessani mietin tulevaa Suomi-Venäjä ottelua. En niinkään, miten peli tulisi päättymään, vaan sitä, kuinka monta poliisia, palomiestä ja järjestysmiestä paikalle tarvittaisiin. Pelkäsin, että Suomessakin ollaan menossa jalkapallohuliganismin tielle.

Valitettavasti pelkoni osoittautui oikeaksi. Suomen ja Venäjän kannattajat ottivat yhteen potkuin ja nyrkein Helsingissä jo ennen MM-karsintaottelua. Ottelun aikana katsomosta heiteltiin soihtuja ja pommit paukkuivat. Vaikka paikalla oli paljon poliiseja, tilanne oli vaikea hallita. Tällä kertaa suuremmilta onnettomuuksilta vältyttiin, ja jokunen raggari pistettiin putkaan.

Oikea joukkueen kannatus ja fanitoiminta on paikallaan, mutta viimeisissä Suomen jalkapalomaajoukkueen peleissä esiintynyt toiminta lähestyy huliganismia. Suomen Palloliiton tulee ottaa oppia viime peleissä. On varsin järkyttävää, että tällaisiin urheilutilaisuuksiin tulee varata komppanian verran poliiseja, palokunta ja satamäärin järjestysmiehiä. Onko jalkapalloilun fanitoiminta todella menossa näin pahasti raiteiltaan?

On selvää, etten seuraavia Suomen pelejä lähde katsomaan, en ainakaan alle kymmenen vuoden ikäisen tyttären poikani kanssa.

Narkolepsiaa

Jos uskomme eri tiedotusvälineitä ja vapaata tietosanakirjaa Wikipediaa (ja miksemme uskoisi), voimme todeta, että moni suomalainen urheilija sairastaa narkolepsiaa.

Tiedotusvälineiden mukaan Suomen jalkapallomaajoukkueen puolustus nukahti Moldova ottelussa. Samaa oli havaittavissa myös Hollantia vastaan käydyssä pelissä. Tilanne on huolestuttava! Onko syy "sikarotkotuksen" vai mistä ihmeestä tällainen nukahtelu johtuu? Wikipedian mukaan narkoleptikolle uni voi tulla yllättäen ja vastustamattoman voimakkaasti. Nukahtaminen voi tapahtua yllättävissäkin tilanteissa, kuten kesken puheen, syödessä tai kävellessä. Ja nyt on sitten uutisoitu, että myös jalkapallo-ottelussa tällaista tapahtuu.

Tiedetään, että narkoleptiakohtausten esiintymistiheys on myös hyvin vaihteleva: joillakin narkoleptikoilla se voi ilmetä vain kerran koko elämän aikana, joillakin kohtauksia voi olla jopa kymmeniä päivässä.

Tämä ongelma vaatii myös urheilujohdolta uusia määrittelyjä niin pelaajien kuin valmentajien suhteen. On tarkoin selvitettävä, onko ulkomaalaisilla valmentajilla suurempi herkkyys nukahteluun kuin suomalaisvalmentajilla.

Siitä ei nimittäin hyvää seuraa, jos päävalmentajakin sairastaa narkolepsiaa ja nukahtelee juuri niillä hetkillä kun pitäisi muuttaa pelin taktiikkaa tai vaihtaa pelimiehiä kentälle. Tarkkaan on mietittävä, mistä saataisiin sellainen valmentaja ja pelaajat, jotka pysyisivät hereillä edes kokonaisen jalkapallo-ottelun ajan.

Nukahtamisongelma ei ole yksinomaan jalkapallon. Uutisten mukaan suomalaiset painijat ovat Moskovan MM-kisoissa saman sairauden riivaamia; kesken ottelun tulee "nukahtamishetkiä" ja vastustaja pääsee yllättämään ja suomalaispainija havahtuu molskilta alakynnessä.

On sitä nukahtamistaipumuksia muidenkin maiden urheilijoilla. Nyrkkeily nimittäin on urheilumuoto jossa aina silloin tällöin urheilija nukahtaa kesken ottelun, mutta syynä harvemmin on narkolepsia. Meksikolaista Jaudiel Zepedania alkoi väsyttää Helsingin Kisahallissa käydyssä nyrkkeilyottelussa. Tosin neljännessä erässä Kirkkonummen kovanyrkki Amin Asikainen auttoi hiukan kaveria "nukahtamaan". Toivottavasti Aminin kunto puolestaan kestää myös hänen seuraavassa ottelussaan, ettei hän saa itse maistaa nukahtamislääkettään.

Samanlaisia nukahtamisongelmia on moni penkkiurheilija kokenut kotisohvallaan yksitoikkoista peliä katsoessaan. Hollannin siirrellessä palloa minuuttitolkulla keskenään ja suomalaisjalkapalloilijoiden uinaillessa omalla kenttäpuoliskollaan ei ole ihme, että penkkiurheilija nukahtaa kesken pelin ja havahtuu vasta kun televisioista loppuu ohjelma.

Kukkahattutädit ja jääkiekon kummallisuus

Päivänä muutamana selailin Hesarin urheilusivuja. Hämmästyin, kuinka moninaista jääkiekko voi olla.

Jääkiekossa kiusaaminen on ilmeisesti sallittua ja siitä saa pisteitä. Lehti kertoi, että Pelicans kiusasi HIFK:lta pisteen. Suomalainen lainsäädäntö tosin kieltää työpaikkakiusaamisen, mutta valitettavasti laki ei koske urheilua. Hesarin mukaan samaisessa ottelussa Pelicans oli roikkunut niin väkevästi ottelussa mukana, että ratkaisu venyi jatkoajalle. Kun lehdestä ei selvinnyt, missä ja miten joukkue oli roikkunut, yritin miettiä, kuinka se oli tapahtunut. Roikkuiko se vaihtoaitiossa vai kaukalossa, tai peräti hallin katosta?

Toinen jääkiekkouutinen kertoi, että Blues oli luistellut karkuun. Juttu oli pakko lukea, jotta minulle selviäsi, ketä ja miksi Blues oli paennut. Pettymykseni oli suuri, kun minulle selvisi, ettei Blues minnekään pakoon ollut lähtenyt vaan pelannut ihan kelpo ottelun ja voittanut Tapparan 3-2.

Hygieniapuolta koskikin seuraava juttu: "Oulussa seitsemän pelaajaa suihkuun". Mietin, mikä uutinen se on, että pelaajat menevät pelin jälkeen suihkuun. Olisiko jutun jippo siinä, että loput pelaajista eivät olisikaan käyneet suihkussa. Jälleen oli pakko tutustua tekstiin. Jutun alku olikin lupaava. Se kertoi, että Kärppien ja Lukon kohtaamisesta muodostui tulikuuma. Mielenkiintoni kohosi. Olivatko he kohdanneet saunassa, vai oliko hallin lämpötila säädetty väärin? Petyin jälleen pahemman kerran. Tekstissä kerrottiin vain, että seitsemän pelaajaa oli ajettu ulos kesken ottelun. En saanut varmuutta, olivatko juuri ne seitsemän, jotka kävivät suihkussa. Lämpötilan nousun selitti puolestaan jutussa se, että jotain kuumia höyryjä oli hallissa purkautunut, mutta pelaajat olivat nauraneet tilanteelle. Harmikseni jutusta ei selvinnyt, miten muut kuin ne seitsemän pesivät itsensä.

Mitä sitten tarkoitti samaisella sivulla ollut kommentti "Kukkahattutädeille oppitunti"? Siinä toimittaja kirjoitti, että Kärpät-Lukko ottelussa heilutettiin nyrkkejä, mutta kukaan ei loukkaantunut vakavasti, eikä verta vuodatettu. Toimittaja antoi tekstissään ymmärtää, että mahdolliset lisäsanktiot kuuluvatkin ottelun erotuomareille. Rivien välistä luin, että nyrkit saavat hänen mukaansa otteluissa heilua, jos tuomarit ovat huonoja eikä kukaan loukkaannu vakavasti. Tekstinsä mukaan toimittaja ymmärtää turhautuneita pelaajia ja heidän "proppujensa palamista", mutta ilmeisesti hän ei ymmärrä jääkiekon sääntöjä eikä tuomareita.

Kun sivun jutut olin lukenut, en voinut tulla kuin siihen johtopäätökseen, että seuraan väärästä lehdestä ja väärää urheilulajia. Varsinkin kun minulle ei selvinnyt, mistä ihmeen "kukkahattutädeistä" oli viimeisessä jutussa kysymys.

Lätkässä lätkään?

Suomen Jääkiekkoliitto täyttää tammikuussa 80 vuotta. Itse olen seurannut jääkiekkoa tavalla tai toisella vuosikymmeniä. En silti väitä olevani lätkässä jääkiekkoon, vaikka se on sivunnut, ajoittain tiivistikin elämääni.

Pienenä poikana katselin ihaillen jääkiekkoilijoita Helsingin Raviradan luistinkentän pukukopissa, jonka nurkassa puukamiina lämmitti pakkasen kohmettamia varpaitani. Silloin en olisi uskonut, että jääkiekko tulisi vuosikymmeniä myöhemmin nousemaan erääksi Suomen suosituimmaksi urheilulajiksi. Epäilen myös, että samaisessa kopissa ollut isäni ei olisi luullut, että jääkiekon tapahtumat tulevat kiinnostamaan niin paljon, että liki puolet urheilu-uutisista katetaan jääkiekolla. Nykyisin pääuutisissa jopa kerrotaan, kuinka joku suomalaiskiekkoilija on Kanadassa saanut syöttöpisteen.

Minua harmitti, kun Venäjä kaatoi Suomen A-maajoukkueen Moskovan turnauksen ottelussa. Lätkämaajoukkueellemme on tullut monia voittoja ja myös karvaita tappioita. Harva tietää, saati muistaa, että Hollanti voitti Suomen MM-kisoissa 2-1. Pitkän päivätyön suomalaisen jääkiekon eteen tehnyt isäni kertoi useasti tästä 70 vuotta sitten tulleesta tappiosta. Hän koki, että jo ennen peliä suomalaisia huijattiin. Viimeisellä ottelulla ei ollut sarjataulukon kannalta merkitystä, joten joukkueen johtajat sopivat, että pelissä peluutetaan kavereita, jotka eivät olleet päässeet vielä kisoissa jäälle. Suomalaiset pitivät lupauksensa, mutta hollantilaiset tulivatkin ykkösjoukkueella ja suomalaisten oli tyytyminen häviöön ja sarjan viimeiseksi.

Omiin kiekkomuistoihini liittyy moni asioita. Ennen kuin jäälle pääsi pelaamaan, oli lammen jää tai kaukalo kolattavat lumesta. Muistan useasti myös palelleeni Helsingin kadun tekojääradan katsomossa. Kerrankin, jotain maaottelua isäni kanssa seuratessamme, vieressämme värjötteli eräs suomalaisen urheilun isistä, "Tahko" Pihkala. Yhdessä haaveilimme jäähallista, joka tuntui vielä silloin utopialta. Parhaat jääkiekkokokemukseni koin kuitenkin aikuisiässä Pirkkolan urheilupuiston luistelukentällä. Siellä me kolmekymppiset "vanhukset" pelasimme kiekkoa yhdessä nuorten, melkein vaahtosammuttimen kokoisten poikien kanssa. Pelissä maalin virkaa tekivät lumipallot. Säännöt olivat yksinkertaiset; lämätä, kohottaa eikä taklata saanut. Pääasia oli liikunnan riemu. Sitä samaa leikin ja liikunnan riemua tarvittaisiin lisää suomalaiseen kiekkoiluun ja muuhunkin urheiluun.

"Jos haluat kehittää itsesi nopeaksi, ketteräksi, rohkeaksi, jos haluat nauttia täysin siemauksin liikunnan hurmaa ja jos haluat olla yhtä tovereittesi kanssa - yksi kaikkien ja kaikki yhden puolesta - ryhdy silloin pelaamaan jääkiekkoa. Sitä et kadu." (Erkki Saarinen / Poikien Jääkiekko-opas, 1945). Tuskin isäni näin kirjoittaessaan tarkoitti nykytyylistä kiekkoa, jossa rumatkin otteet nostavat päätään ja pelaajat joutuvat olemaan pitkiä aikoja sairaslomalla!

Mistä löytyisi valmentaja, joka arvostaisi myös taitokiekkoa?

Maksaako liiga liikaa?

Jääkiekon SM-liigan katsojaluvut eivät tyydytä liigapomoja. Paikoin kalliiden – osin veroeurojen avulla rakennettujen – jäähallien katsomot ammottavat autioina.

Yhdeksi syyksi katsomojen tyhjyyteen epäillään, varsin oikeutetusti, pääsylippujen kohonneita hintoja. Onko jääkiekkoliigan seuraamisesta tullut liian kallista? Vai olisiko syy katsojalukuihin siinä, että pelien taso paikoin muistuttaa rusettiluistelua, jossa pikkupojat tappelevat keskenään.

Miten keskituloinen perheen pää voi viedä lapsiaan seuraamaan otteluja? Esimerkiksi Jokerien kausikortti maksaa halvimmillaan 336 euroa ja kalleimmillaan 780 euroa. Lisäksi kustannuksiin voidaan laskea parkkikortti 118 euroa.

Halvemmallakin pääsee pelejä katsomaan. Runkosarjan liput maksavat 13 - 30 euroon ja parkkihinta viisi euroa. Jostain kumman syystä Jokerit – HIFK otteluun joutuu vielä maksamaan kolmen euron lisämaksun.

On selvää, että näillä hinnoilla moni katsoja tuntee itsensä vain pelkäksi maksajaksi jonottaessaan vielä jäähallin ylihintaisia taukotuotteita. Popcornit lapsille ja juomat vievät erätauolla äkkiä lompakosta yli kymmen euroa. Onko vähimmilläänkin yli 60 euroa vanhemman ja lapsen kiekkoillasta paljon vai vähän? Sen päättää jokainen katsoja itse. Katsojalukujen suuntaa antaa kiekkopomoille vastauksen!

Miksi sitten lippujen hinnat ovat kohonneet? On selvää, että jääkiekosta on tullut ammattimaista toimintaa, jossa tuponeuvotteluissa pelaajapalkkiot eivät ole noudattaneet ns. yleistä linjaa. Samoin seurojen omistajat haluavat katteen sijoituksilleen.

Jotain on tehtävä, jotta lippujen hinnat saataisiin kohtuullisemmalle tasolle. Olisiko myös Suomessa mietittävä eri sarjatasojen pelaajapalkkioille ja korvauksille omat kattonsa?

Tärkeintä on aito jääkiekkoinnostus, jossa reilu peli on tärkeintä, ei maksimaalinen taloudellinen voitto. Valitettavasti se urheiluinnostus on vain vuosien saatossa hävinnyt kuin Ahmat mestiksestä.

Onneksi jääkiekkoa voi vielä seurata alemmillakin sarjatasoilla. Vaikka kaukalossa ei kiidä kuuluisuuksia, pelit ovat usein yhtä jännittäviä, jopa tiukempia kuin SM-liigassa. Katsomossa saa aidosti olla kotijoukkueen puolella tai sitä vastaan. Vaatimattomassakin hallissa voi huutaa äänensä käheäksi tai olla visusti hiljaa, kun vastustaja laukoo siniviivalta maalin.

Ja mikä kaikkein parasta, tästä paikallisesta lystistä ei tarvitse maksaa itseään kipeäksi, vaikka ottaisi lapset ja lapsenlapsetkin mukaan.

Lainsuojattomat urheilijat

Jos uskomme edelleen vapaaseen tietosanakirjaan Wikipediaan - ja miksemme uskoisi- urheilija on urheilun harrastaja tai urheilua ammatikseen harjoittava. Urheilu puolestaan on yhteisnimitys fyysisen kunnon ylläpitämiseksi, virkistykseksi tai sääntöjen mukaisena kilpailuna harjoitettaville liikuntamuodoille.

Suomalaista lainsäädäntöä tutkiessa huomaa, kuinka urheilijat ovat lainsäädännössä rajattu lakien ulkopuolelle.

Työsopimuslakia ei jostain kumman syystä kuitenkaan sovelleta tavanomaiseen harrastustoimintaan. Kuitenkin lakia sovelletaan sopimukseen jolla työntekijä tai työntekijät yhdessä työkuntana sitoutuvat henkilökohtaisesti tekemään työtä työnantajan lukuun tämän johdon ja valvonnan alaisena palkkaa tai muuta vastiketta vastaan.

On selvää, että esimerkiksi eri sarjatasoilla pelaavat urheilijat, jotka saavat erilaisia korvauksia ja suorastaan palkkaa, ovat työsuhteessa työnantajaan eli urheiluseuraansa. Tällaisia sopimuksia tehdään urheilijoiden ja seurojen kesken tuhansittain.

Työturvallisuuslain tarkoituksena on parantaa työympäristöä ja työolosuhteita työntekijöiden työkyvyn turvaamiseksi ja ennalta ehkäistä sekä torjua työtapaturmia, ammattitauteja ja muita työstä johtuvia työntekijöiden fyysisen ja henkisen terveyden, *terveys* haittoja. Tätäkään lakia ei sovelleta tavanomaiseen harrastustoimintaan eikä ammattiurheilemiseen.

Näin ollen urheilijan työnantaja (urheiluseura) ei ole lainsäädännön mukaan tarpeellisilla toimenpiteillä velvollinen huolehtimaan työntekijöiden (urheilijan) turvallisuudesta ja terveydestä. Urheiluseuran ei siis tarvitse lain mukaan ottaa huomioon työhön (urheilu), työolosuhteisiin ja muuhun työympäristöön samoin kuin työntekijän henkilökohtaisiin edellytyksiin liittyviä seikkoja.

Lain yksityisyyden suojasta tarkoituksena on toteuttaa yksityiselämän suojaa ja muita yksityisyyden suojaa turvaavia perusoikeuksia työelämässä. Laissa säädetään mm. työntekijälle tehtävistä testeistä ja tarkastuksista sekä niitä koskevista vaatimuksista. työelämässä sekä huumausainetestiä koskevan todistuksen toimittaminen työsuhteen aikana. Lain edellä mainittuja säännöksiä ei sovelleta työsopimuslain tarkoitetussa työsopimussuhteessa olevaan urheilijaan.

Varsin hämmästyttävää on myös se, että jääkiekko-otteluissa, tuhansien todistajien läsnä ollessa, tapahtuneet pahoinpitelyt eivät johda oikeustoimiin. Rikoslain mukaan:

"Joka tekee toiselle ruumiillista väkivaltaa taikka tällaista väkivaltaa tekemättä vahingoittaa toisen terveyttä, aiheuttaa toiselle kipua tai saattaa toisen tiedottomaan tai muuhun vastaavaan tilaan, on tuomittava pahoinpitelystä sakkoon tai vankeuteen enintään kahdeksi vuodeksi."

Voittamisen vaikeus

Viimeaikaiset niin jalkapallo- kuin lentopallomaajoukkueidemme tulokset osoittavat, että suomalaisille tärkeiden ottelujen voittaminen ei ole helppoa. Toisinaan tuntuu, että se on kerrassaan mahdotonta. Myös tärkeissä kilpailuissa oman ennätyksen tai edes kauden parhaan tuloksen tekeminen ei tunnu suomalaisurheilijoilta onnistuvan.

Mikä tekee toisista urheilijoista tai joukkueista voittajia? Mikä saa joukkueen tai urheilijan kilpailussa saavuttamaan parhaan tuloksen tai jopa ylittämään itsensä? Mitä ruotsalaiset yleisurheilijat tekevät toisin kuin suomalaiset, jotta maaottelussa venytään kauden parhaimpiin tuloksiin? Onko kysymyksessä valmennuksellinen vai urheilijan henkilökohtainen ominaisuus?

Kysymyksiä on helppo esittää, mutta oikeiden vastausten löytäminen on varsin vaikeaa. Valmentajalla, oli hän sitten kotimainen tai ulkomaalainen, on oma roolinsa, mutta tuloksen tekee aina urheilija ja joukkue. Valmentaja on pitkälti asiantuntija, jolla on tietoa johon voi luottaa. Hänellä on oltava auktoriteettia, toisaalta hänen tulee olla ystävä, jopa uskottu.

Valmentaminen epäonnistuu, jos valmentaja on liian autoritäärinen, ei kuuntele valmennettavaansa, ei perustele ohjeitaan ja pitää itseään asiantuntijana asioissa, joista hänellä on vähemmän tietoa kuin valmennettavillaan. Joukkueurheilussa oikean tai väärän taktiikan valinnasta vastaa valmentaja.

Valmentaja saattaa olla kunnianhimoinen ja eteenpäin pyrkivä, joten on luonnollista, että hän haluaa työnsä tulevan arvostetuksi. Toisaalta hän ei saa kunniahimonsa vuoksi ajaa valmennettaviaan liian kovaan harjoitteluun tai liian tiheään kilpailemiseen.

Jotta urheilijalle asetettavat tavoitteet olisivat realistisia, on valmentajan tunnettava urheilijan fyysinen kunto, psyykkinen kestokyky, venymisedellytykset ja tahdonvoima. Näitä asioita ei opita hetkessä, joten valmennussuhde vaatii myös aina oman aikansa. Sitä voidaan verrata avioliittoon, jossa vasta vuosien myötä opitaan tuntemaan kaikki aviopuolison vahvuudet ja heikkoudet.

Suomessa kilpaurheilijana oleminen ei ole helppoa. Siinä on aina niin median, ympäristön ja urheilijan itsensä luomat menestymispaineet. Toisinaan hävinnyt urheilija saa osakseen myötätuntoa, mutta menestyneeltä ei odoteta koskaan heikkouden merkkejä. Usein häviäminen luo tappiokierteen ja voittaminen jatkuvan menestymisen.

Tehokkuus ja kilpailu ovat nykypäivän iskusanoja. Se tuo mukanaan urheilijalle ristiriitatilanteita. Moni urheilija on perheellinen. Häneltä odotetaan myös kasvattajan ja yhdessä olijan roolia. Riittääkö siihen aina aika?

Jos kotona ei mene hyvin, voidaanko odottaa, että urheilussa menestytään?

Hyppyjä ja taideuintiharjoittelua

Kirjamessuilla mielessäni oli mielenkiintoinen aihe: urheilu suomalaisessa proosatuotannossa. Astelin innokkaana erään suuren kustannusyhtiön esittelytiskille. Nainen tiskin takana katsoi kysyvästi. Hymyilin ja kysyin, löytyykö tänä vuonna julkaistuja urheilukirjoja? Nainen rypisti otsaansa ja oli hetken mietteliään näköinen. Sitten hän sanoi, ettei muistanut, mutta viittasi sivummalla olevaan pöytään. Kiiruhdin pöydän ääreen, ja löytyihän muutamia kirjoja. Ne kertoivat retkeilystä, aseista, ratsastuksesta ja golfista. Oli siellä myös iso punainen kirja eräästä formula-autosta ja sen kuskista. Sen sortin urheilukirjat eivät minua kiinnostaneet.

Seuraavan suuren kustantajan esittelypaikalla esitin saman kysymyksen. Esittelijä vilkaisi minuun kummeksuen ja sanoi, että olin esittänyt päivän vaikeimman kysymyksen. Sitten hän vei minut pöydän luo, josta olisin voinut ostaa vitosella Kalle Palanderista tai Esa Tikkasesta kertovan kirjan. Mutta se ei ollut sitä, mitä olin hakemassa. Kysyin urheiluaiheista romaania. Nainen ei muistanut yhtään tänä vuonna julkaistua, jossa urheilu olisi ollut pääteemana.

Siirryin toiveikkaana antikvariaatti osastolle. Kirjapinon ääressä kauppias Raimo sanoi, että hänen kaupassa kyllä oli joitakin urheilukirjoja, mutta messuilla ei niille ole kysyntää. Häneltä olisin saanut seitsemällä eurolla vuoden 1952 Helsingin olympialaisten yleisurheilun käsiohjelman. Se ei herättänyt mielenkiintoani. Seuraavalla esittelypaikalla keski-ikäinen nainen löysi minulle yhden kirjan. Se oli Eemil Koskisen vuonna 1920 julkaistu "Uintikirja" alaotsikolla hyppyjä ja taideuintiharjoittelua.

Parin tunnin kiertelyn jälkeen olin saanut selville, että tänä vuonna on kustannettu parisenkymmentä suomalaista kirjaa, jota voidaan pitää urheilukirjana. Mutta yhtään urheilua käsittelevää kaunokirjallista teosta en löytänyt.

Suomessa on urheilua vuosien saatossa kaunokirjallisuudessa kuvattu yllättävän vähän. Muutamat, kuten Juhani Peltosen ratkiriemukas "Elmo" tai muutaman vuoden takaiset vuoden urheilukirjoiksikin valitut Jukka Pakkasen "Viimeinen kilometri" tai Mika Wickströmin "Kunniakierros", ovat mukavia poikkeuksia.

Mikä sitten on, ettei urheilu kiinnosta kirjan tekijöitä muina kuin henkilökuvina tai laji- tai valmennusoppaina? Onko kysymyksessä kulttuurin ja urheilun vastakkain asettelu?

Urheilu sinänsä, ja siihen liittyvä moninainen toiminta, antaisi dramatiikan aineksia moneen romaaniin. Sen oivalsi myös Leena Lehtolainen vuonna 1997 ilmestyneessä dekkarissaan "Kuolemanspiraali".

Toivottavasti ensivuoden kirjamessuilla en joudu jälleen pettymään, vaan löydän edes yhden romaanin, jossa urheilu on pääteemana.

.....

Arviot sinusta eivät perustu
korkeuksiin joihin olet kohonnut,
vaan syvyyteen, josta kiipesit ylös.

-*Frederick Douglass*

RAPAKUNTOINEN KANSA

Joskus olemme itse oman hyvinvointimme suurin este.
— *Tommy Hellsten*

Koululiikunnan surkea tila

Suomalainen koululiikunta elää surkuteltavaa aikaa. Se on yhtä huonossa kunnossa kuin suomalaiset alokkaat armeijan testissä. Näyttää siltä, että muutaman vuoden takaisen liikuntalain eräs tarkoitus, tukea lasten ja nuorten kasvua ja kehitystä liikunnan avulla on kouluissa unohtunut.

Koulu-uudistuksen myötä oppiaineiden valinnaisuus lisääntyi. Tämä johti melko pian siihen, että liikuntaa eniten tarvitsevat koululaiset eivät valinneet liikuntakursseja. Liikuntatuntien määrä jäi muutenkin koulussa alhaiseksi. Kun vielä koulujen liikuntakerhoja on voimakkaasti vähennetty, on koululaisten liikunta huolestuttavan vähäistä.

Jotkut tutkijat sanovat, että liikunta on edelleen lasten ja nuorten suosituin aktiivinen harrastus. Heidän mukaansa 10 – 12 vuotiaista pojista 75 % ja tytöistä 65 % harrastaa liikuntaa vähintään kaksi kertaa viikossa.

Valitettavaa vain on, että tämä ei ole mitenkään riittävä määrä!

Lasten ja nuorten terveys on eri tutkimusten mukaan viime kymmenen vuoden aikana huonontunut ja heidän hyvinvointinsa on kääntynyt heikompaan suuntaan. Yksi selitys tähän varmasti on se, että vain kolmasosa lapsista liikkuu terveytensä kannalta riittävästi. Suosittujen liikuntaharrastusten vielä vaihtuessa fyysisesti vähän kuormittaviin on lasten päivän ruumiillisen ponnistelun kokonaismäärä vähentynyt radikaalisti. Samoin ovat lasten ja nuorten motoriset taidot heikentyneet ja kestävyys- ja lihaskunto ovat laskeneet.

Kaikki suomalaisten kansantaudit johtuvat tavalla toisella riittävän liikunnan puutteesta. Esimerkiksi vähän liikkuvilla sepelvaltimotaudin, liikalihavuuden, masentuneisuuden ilmenemisvaara on kaksinkertaista liikuntaa harrastaviin verrattuna.

Koululiikunnan merkityksestä voidaan olla montaan mieltä, mutta totuus lienee se, että ainoastaan säännöllinen koululiikunta tavoittaa jokaisen lapsen ja nuoren.

Koululiikunnan avulla voidaan kasvattaa lapsia ja nuoria liikkumaan ja nauttimaan siitä. Keskeistä lapsille olisi opettaa luonnollisen liikuntatarpeen lisäksi liikunnasta saatu elinikäinen ilo ja kunto. Tässä tehtävässä tarvitaan ammattitaitoisia liikunnanopettajia, heidän innostavaa otettaan liikuntaan ja sen kehittämiseen.

Oikein toteutettuna niin välitunti- kuin koulumatkaliikunta antavat siihen hyvän mahdollisuuden. Kulujen ja luokkien väliset hiihto-, suunnistus- ja juoksukilpailut niin suoritusten määrässä (kansanhiihto) kuin eri luokkien välisissä viesteissä ovat helposti toteutettavissa, jos vain niin halutaan.

Valitettavasti maastamme löytyy myös joukko "liikkamaikkoja", jotka heittävät vain pallon peliin, mutta eivät valo, mitä kentällä ja lasten sekä nuorten kunnossa tapahtuu.

Jotain tarttis tehdä ja nopeasti sillä Suomea ei odota tulevaisuudessa "eläkepommi" vaan sairastavuuspommi.

Nuoret urheilijat liikkuvat liian vähän

Olympiakomitea, Nuori Suomi ja Suomen Valmentajat julkistivat marraskuun (2008) lopulla selvityksen urheilevien nuorten liikuntamääristä ja harjoittelun laadusta. Valitettavasti tämä selvitys jäi julkisuudessa ja valmentajien sekä urheiluseurojen osalta varsin vähälle huomiolle.

Selvitystyössä johon saatiin yhteensä 2646 liikuntaa harrastavan nuoren tiedot, kävi ilmi, että nuorten kokonaisliikuntamäärä laskee iän myötä huolestuttavan paljon. Yleisesti 8 – 11 vuotiailla viikoittaiset kokonaisliikuntamäärät olivat suurimmat. Heillä oli muuta kuin oman lajinsa liikuntaa enemmän verrattuna vanhempiin ikäluokkiin.

Vaikka urheiluseurojen järjestämä harjoittelun määrä 12- 15 vuotiailla lisääntyykin, heillä viikoittainen kokonaisliikunta väheni verrattuna nuorempaan ikäluokkaan.

Tutkimuksen vanhimmassa ikäluokassa 16 -18-vuotiailla viikoittainen kokonaisliikuntamäärä oli pienin, vaikka omaan lajiin liittyvien harjoitusten määrä oli suurin. Heillä muu kuin omaan lajiin kuuluva liikunta väheni entisestään.

Näyttää siltä, että varsin pieni joukko urheilua harrastavista, vain 15 %, urheilee ja liikkuu huippu-urheilua ajatellen riittävästi! Miksi ohjattuun harjoitteluun panostava nuoret sitten vähentävät muun liikuntansa määrää? Kieltävätkö valmentajat heiltä sen?

Tutkimuksesta selvisi myös, että liian varhainen erikoistuminen yksinomaan omaan lajiin voi johtaa yksipuoliseen kuormittumiseen. Tämä voi jatkossa rajoittaa lajissa kehittymistä tai pahimmillaan aiheuttaa erilaisia rasitusvammoja.

Niin valmentajien kuin kaikkien nuorten kanssa tekemisissä olevien tuleekin nostaa monipuolinen harjoittelu kunniaan. Monipuolisuus tarkoittaa nimenomaan nuorten fyysisten eri ominaisuuksien tasapuolista kehittämistä.

Tähdätessä nuorten osalta kilpa- ja huippu-urheiluun, tarvitaan nuorten kokonaisliikuntamäärän selvää lisäämistä. Tähän päästään joko nuorten ohjattua harjoittelua reilusti lisäämällä tai heidän omaehtoisen harjoittelun ja liikkumisen lisäämistä.

Vaimentajien ja urheiluseurojen tulisikin tämä tiedostaa. Jos mitään ei tehdä toisin, on turha odottaa suomalaisille menestystä tulevaisuuden MM-kisoissa tai olympialaisissa.

Jos vain puolet kilpaurheilua harrastavista nuorista liikkuu terveytensä kannalta riittävästi, niin entä ne nuoret, jotka eivät harrasta kilpaurheilua. Mikä on heidän kuntonsa nyt ja tulevaisuudessa.

Tuhannen taalan kysymys on, miten myös heidän liikunta-aktiivisuuttaan voidaan lisätä? Se onkin sitten toisen puheenvuoron aihe.

Rapakunnossa

Uutinen pysäytti! Se pisti lukemaan tekstin uudestaan, mutta totta se oli. Lehdessä luki, että varusmiespalvelukseen astuvat alokkaat ovat yhä huonommassa kunnossa.

Samaan aikaan, kun ihmetellään suomalaisten huonoa kuntoa ja kehnoa menestystä Ateenan olympialaisissa, kertovat puolustusvoimien tuoreet tilastot, että alokkaiden kestävyys- ja lihaskunto jatkavat laskuaan.

Tammi- heinäkuussa palvelukseen astuneiden tulos 12 minuuttia kestävässä Cooperin-testissä oli kaikkien aikojen alhaisin. Alokkaat jaksoivat juosta keskimäärin 2430 metriä!

Uutinen pisti miettimään. Esille nousi heti kolme kysymystä: voiko tällaisesta nuorisosta, jonka kestävyys on lähes olematon, tulla ikinä huippu-urheilijoita edes ampumaurheiluun? Mistä johtuu, että nuorten kunto laskee? Olisiko Suomen olemattomalla koululiikunnalla osuutta asiaan?

Myös alokkaiden lihaskuntotestin tulokset olivat vertailuajan toiseksi alhaisimmat. Hyvän tai kiitettävän arvosanan saaneiden määrä on laskenut huippuvuosien 68 prosentista vajaaseen 41 prosenttiin.

Eipä tarvitse olla kammoinekaan ennustajaeukko, kun voi sanoa, että neljän vuoden päästä on turha suomalaisten haaveilla menestymisestä kesäolympialaisissa. Eipä taida löytyä edes pistesijoilta suomalaisia.

Julkisuudessa on viime aikoina puhuttu, etteivät maamme nykyisten huippu-urheilijoiden harjoitukselliset ja taloudelliset edellytykset ole samalla tasolla kuin muissa Pohjoismaissa. Ehkä näin on, mutta nykyisilläkin panostuksilla olympiaedustajamme pystyvät lähes päätoimiseen harjoitteluun.

Vika ei suinkaan siis ole siinä, etteivät he menesty Ateenassa.

Alkuvuodesta palvelukseen astuivat keskimääräisesti kaikkien aikojen painavimmat alokkaat, keskipainon ollessa 75,18 kg. Muutos on ollut hälyttävän nopea: kymmenessä vuodessa keskipaino on kasvanut neljä ja puoli kiloa. Voidaan vain pelonsekaisin tuntein arvailla, mitä pitemmällä aikavälillä tällaiset radikaalit nuorison kuntotason muutokset tulevat vaikuttamaan kansanterveyteen ja terveydenhuoltoon.

Jos maassamme halutaan, että suomalaiset menestyvät niin huippu-urheilussa kuin olympialaisissa, on lähdettävä siitä, että nuorisomme kunto on saatava pikaisesti nousemaan. Ensimmäisenä ja kiireellisempänä seikkana tulisikin koululiikuntaa lisätä radikaalisti. Sillä varmasti saavutettaisiin niin kilpaurheilun kuin kansanterveydenkin kannalta positiivisia tuloksia.

Hullu juttu

Maanantain TV2:n "Hullu juttu"- ohjelma paneutui viimeisen kymmenminuuttisen ajan varsin vakavaan asiaan - armeijaikäisten kuntoon. Kakkosen ohjelmassa kysyttiinkin: "Mitä virkaa on sotilaalla, jonka hengitys vinkuu jo kävelyvauhdissa?"

Ohjelmaa katsoessa tuli selkeä ajatus siitä, että nykyhallitus on viimeinen, joka pohtii, miten veroja Suomessa alennetaan. Näyttää siltä, että maamme terveydenhuollon kustannukset nousevat tulevaisuudessa huimaavasti, sillä suomalaisten fyysinen kunto on rapautumassa. Tulevaisuuden uhkana ei maassamme ole eläkepommi, vaan terveyskulujen räjähdys.

Tilastot kertovat karmaisevaa kieltään armeijaikäisten kunnosta. Vuonna 1990 armeijassa suoritetussa Cooperin testissä keskiarvotulos oli 2760 metriä. Vuonna 2005 alokkaat pääsivät vastaavassa testissä vain 2430 metriä. Pudotus on huolestuttavan suuri. Valitettavasti sama suuntaus on myös fyysistä voimaa mittaavissa testeissä. Lisäksi ylipainoisten kouluikäisten määrä on vuosien varrella kaksinkertaistunut. Eikä siinä vielä kaikki, suunta heikompaan näyttää edelleen jatkuvan.

Näemmekö todella millainen muutos on maamme nuorten fyysisessä hyvinvoinnissa tapahtumassa? Onko niin, että taudit, jotka esiintyvät nykyisin yli 50-vuotiailla, tulevaisuudessa esiintyvätkin jo alle 30-vuotiailla? Suomessa työelämän fyysinen kuormittavuus on vuosien myötä laskenut. Arkipäivät ovat ihmisille fyysisesti helppoja, mutta henkisesti raskaita. Hullu juttu on, että samaan aikaan väitetään, että ihmisten vapaa-ajan liikunnan määrä olisi lisääntynyt. Miksi kuitenkin heidän kunto sitten laskee ja paino nousee? Tehdäänkö jotain pahasti väärin, vai valehtelevatko tilastot?

On selvää, ettei tunti päivässä kemppijumppaa riitä korvaamaan normaali kouluelämän ja työn fyysistä kevenemistä.

Ihmisten olisikin liikuttava huomattavasti enemmän kuin nykyisin ja oikealla teholla. Tilastoja tarkasteltaessa tuleekin puhua kokonaisuudessaan ihmisen fyysisestä aktiivisuudesta. Heidän kuntoonsa ja terveyteensä vaikuttavat koulu- ja työpäivänsä, matkat, harrastukset, ravinto ja ennen kaikkea liikunta-aktiivisuus arjessa.

Hullu juttu on se, että ihmiset ovat tavoitelleet fyysisesti helpompaa aikaa huonoin seurauksin.

Pelkkä sotilaskotien hillomunkkien muuttaminen terveysmunkeiksi ei riitä. Jollei lasten ja nuorten arkiliikunnassa oleellisesti tapahdu lisääntymistä, taloudellinen lasku tullee olemaan yhteiskunnalle suuri. Suomalaisessa koulumaailmassa ja terveydenhuollossa tulee siirtyä ohjaamaan lapsia ja nuoria entistä enemmän niin terveisiin elintapoihin kuin arkiliikunnan lisäämiseen.

Riittävä kokonaisliikunnan määrä on yksi terveytemme tukijalka. Se ei ole hullu ajatus, että lasten ja nuorten liikunta-aktiivisuuden lisäämisellä on omat positiiviset riskinsä - heidän paino laskee ja kunto nousee.

Nuorille lisää multisporttia?

Pilataanko yhteen urheilulajiin keskittyvällä urheiluvalmennuksella nuorten urheiluinnostus?

Pitkin syksyä on korostettu, että nuorten on tehtävä lajivalintansa varsin varhaisessa vaiheessa, muuten huipulle ei päästä. Muutamaa tosi harvaa taitolajia lukuun ottamatta näin ei kuitenkaan ole. Moni huippu-urheilija on löytänyt menestyslajinsa murrosiässä, mutta heillä on ollut monipuolinen liikuntapohja takanaan.

Entä onko nuorille tarkoitetun urheiluseuratoiminnan ainoa tarkoitus tehdä huippu-urheilijoita? Jos näin on, onko tavoite oikea?

Entäpä jos näkisimme, että urheiluseuratoiminnan tarkoituksena on luoda nuorille mahdollisimman paljon liikunnallisia kokemuksia eri liikuntalajeista siten, että he harrastaisivat liikuntaa läpi elämänsä. Annettaisiin lapsille ja nuorille riemu löytää aikaa myöten oma liikuntalajinsa.

Varmaa on, ettei ensimmäisen lajin piiriin tullut nuori välttämättä koe lajia pitemmän päälle omakseen. Varsinkin, jos vanhemmat ovat hänet siihen "pakottaneet". Hänen fyysiset ja jopa psyykkiset ominaisuutensa eivät riitä ensimmäisessä lajissa menestymiseen. Kun nämä rajat tulevat vastaan, eikä hänellä ole kokemusta muista lajeista, hän lopettaa turhautuneena urheilun ja liikunnan.

Suomalaisten murrosikäisten liikkumattomuudesta pitäisi jokaisen olla huolissaan, sillä moni on lopettanut liikunnan turhan. Eräiden tutkimusten mukaan lähes joka toinen nykylapsi tai nuori ei liiku terveytensä kannalta riittävästi

Varsin tärkeä kysymys on, minkälaista liikunnan tulisi olla, jotta se olisi nuorten terveyttä ja kuntoa kehittävää, ja myös sellaista, etteivät nuoret lopettaisi sitä murrosiän kynnyksellä. Tässä oikeassa liikunnan tarjonnassa oleellisessa asemassa ovat myös urheiluseurat. Voidaankin kysyä, onko urheiluseura, jolla on vaikeuksia saada B- tai A-nuoriin joukkuetta, epäonnistunut toimissaan. On poikkeaviakin seuroja. Esimerkiksi Hyvinkään Pyöräilijöiden juniorien ohjelmassa löytyy painia, uintia, telivoimistelua, palloilua jne. Lähtökohtana näyttää olevan opettaa lapsille liikunnan riemua eli multisporttia. Juuri kymmenen vuotta täyttäneessä pyöräilyseurassa uskotaan, että monipuolisen toiminnan kautta saadaan niitä huippuja, mutta pääpaino on kokonaisvaltaisessa liikunnassa. Ehkäpä mudenkin seurojen kannattaisi ottaa HyPy:stä mallia.

Taitaa kuitenkin olla turhaa toivoa seurojen välistä yhteistyötä, varsinkin siten, että yleisurheilu- tai jalkapalloseurat tekisivät yhteistyötä talvella esimerkiksi hiihtoseuran kanssa, joka opettaisi kesälajien nuorille hiihdon tekniikkaa, tai suunnistusseura opettaisi kesällä hiihtäjille tai jääkiekkojunnuille metsässä kulkemisen salaisuudet.

.....

Ei ole olemassa ongelmaa,
mistä puhumatta jättäminen
auttaisi sen ratkaisemisessa.

Positiivarit

ALIARVOSTETTU VETERAANIURHEILU

Vuodet aiheuttavat kenties kasvoihin ryppyjä,
mutta jos luovumme innostuksesta, saamme
ryppyjä sieluumme.

– Watterson Love

Keskustelua aikuisten liikunnan tarpeesta

– Minusta olisi tärkeää, että puhuttaisiin iäkkäämpien ihmisten liikkumattomuudesta, sanon mietteliäästi. Hän on hetken hiljaa. Katsoo vain minua, kuin olisin sanonut jotain hölmöä.

– Ei tarvitse. Siitähän kirjoitetaan jo jokaisessa naisten lehdessä, hän lopulta sanoo. Katson hämilläni hänen silmiään, jotka tuijottavat minua kuin minun ei pitäisi puhua asiasta.

– En ole huomannut, koska en lue naisten lehtiä, vastaan napakasti ja mietin, kuinka liikunnan harrastaminen ja hyvä liikuntakyky ovat tärkeitä jokaiselle ihmiselle.

Olen sitä mieltä, että aikuisväestön ja eläkeläisten liikkumattomuudesta tulisi puhua enemmän. Aihe tulee entistä ajankohtaisemmaksi Suomen väestörakenteen muuttuessa.

– Liikuntakykyä voidaan parantaa harjoituksella vielä hyvinkin iäkkäänä ja kaiken lisäksi liikunta ehkäisee monia sairauksia, yritän virittää keskustelua.

Hän ei sano mitään. Katsoo vain ikkunasta ulos. Syksyinen aurinko valaisee männynlatvat ja pihalla yksinäinen mies kävelyttää koiraansa.

Tiedän kokemuksesta, että iän myötä lihasvoima, tasapaino ja kestävyyskunto vähenevät. Riittävä jakojen voima, liikkuvuus ja kyky pysyä yleensä pystyssä takaavat mahdollisuuden vanhempanakin toimia aktiivisesti.

111

Olen hetken vaiti ja ajattelen, kuinka ulkoilulla ja liikunnalla on ihmiselle monipuolisia hyvinvointivaikutuksia. Mutta, mistä löytyisi oikeaa tietoa ja neuvontaa liikunnan hyödyistä, sillä kaikki eivät lue naisten lehtiä eikä niistä juuri miesten lehdissä kirjoteta. Olisiko oikea tiedonsaannin osoite kaupungin liikuntatoimi tai terveyskeskus? Toisaalta, monenlaista tietoa on saatavilla, mutta onko se aina oikeaa?

Kun lääkäri Antti Heikkilä esittää vain muutaman minuutinkestäviä intensiivisiä harjoituksia, liikuntafysiologi Matti Jääskeläinen vannoo pitkäkestoisen aerobisen liikunnan puolesta. Kumpi on oikeassa?

– Tiedätkö, että liikunta saa iäkkäillä ihmisillä aikaan samoja muutoksia kunnon suhteen kuin muun ikäisillä, mutta liikkumattomuus turmelee iäkkään terveyttä jopa nopeammin ja varmemmin kuin nuorella?

– Kaikki eivät pidä liikunnasta ja sitä paitsi joillakin voi olla sellaisia sairauksia, jotka estävät liikunnan harrastamisen, hänen sanansa tulevat melkein kuiskaten.

Tosiasiaa on, että suurelle osalle ihmisistä oikein toteutettu liikunnan lisääminen kartuttaa terveyttä. Yritän muistella, löytyykö mitään tutkimusta, jossa todettaisiin, että aikuistenkin tulisi liikkua päivittäin sama parin tunnin määrä kuin lasten. Ei tule mieleeni. Miksihän sellaista ei ole?

Mihin tutkimuksiin sitten perustuu se, että eräät tahot suosittelevat kaikille 18 – 64 vuotiaille reipasta kestävyysliikuntaa vain kaksi ja puoli tuntia viikossa? En ymmärrä, miksei aikuisten liikunnan suositeltava liikuntatuntimäärä ole samaa luokkaa kuin lasten.

– Mitähän aikuiset menettäisivät, jos liikkuisivat päivittäin hiukan enemmän?

60+ ei ole vanha harrastamaan liikuntaa

Ikääntyessä liikunnan merkitys ihmiselle korostuu. Sen ovat monet tutkimukset todistaneet ja useat keski-iän ylittäneet ihmiset huomanneet. Liikuntaa voidaan harrastaa omista lähtökohdista. Lyhyetkin erilaiset liikuntatuokiot ovat terveydelle hyväksi.

Eräänä syyskuun päivänä edessäni oli urheiluopiston järjestämä 60+ RuskaFiiliskurssi. Samalla opistolla olin käynyt ensimmäisiä kertoja jo reilut 40 vuotta aikaisemmin silloisen urheiluseurani leireillä. Kevätaurinko paistoi ja meillä nuorilla yleisurheilukausi odotti sekä tavoitteemme kesän tuloksista olivat korkealla.

Toista oli nyt. Syksy oli kellastanut koivunlehdet ja omat maksimisuoritukset sekä lämmin kesä olivat vain mukavina muistoina. Tämän kertaisen "urheiluleirin" tavoitteena ei ollut huippukunto, vaan kunnon ja terveyden säilyttäminen. Sitä halusin minäkin, vaikka välillä vanha kilpailuviettini pyrki esille.

Joka päivälle oli varattu kahdesta kolmeen liikuntatuokiota. Ne olivat helppoja tehdä, mutta silti niiden vaikutus tuntui. Ohjelmassa oli minulle aina joitakin uutta, kuten kehon harjoitusohjelma Spiralis. Siinä kehoa kierrettiin eri liikkein ja saatiin ilmeisesti jäykkään selkääni hiukan lisää liikkuvuutta. Tuolijumppa puolestaan osoittautui yllättävän tehokkaaksi.

– Kun puhutaan tuolijumpasta, kuvitellaan, että se on vanhainkoti-ikäisten voimistelua, mutta tässähän on ihan kunnon liikkeitä, vieressäni äheltävä kaveri sanoi. Olin samaa mieltä.

– Jokaisella on keittiössään tuoli, joten ei tarvitse lähteä välttämättä edes kuntosalille, sanoin ja nostin polviani vuorotellen.

Eräänä päivänä teimme veteraanien yleisurheiluharjoituksia, jotka paljolti muistuttivat kouluikäisten alkeisharjoittelua. Meillä oli hauskaa, sillä harjoitukset olivat ihan mukavia, ja pystyin jopa aitomaan. Tosin aita ei ollut kuin parisen kymmentä senttiä korkea.

Päivällisellä tapasin vanhan kaverini, jonka kanssa kilpailimme kauan sitten.

– Ensi vuonna olen 70-vuotiaiden sarjassa, yhä hoikkana pysynyt kaverini sanoi.

Niin se aika kuluu, ajattelin sanomatta mitään. Kaveri pohti, josko hän osallistuisi monien vuosien jälkeen veteraanikisoihin. Minusta ajatus oli hyvä. Sehän motivoisi liikkumaan.

– Ei niillä tuloksilla enää ole väliä, vaan liikunnan riemulla ja harjoittelulla, sanoin.

Poistuessani opistolta totesin saaneeni hyvän mielen matkaeväät, ehkä eivät olleet ihan samanlaisia kuin ensimmäisellä keralla 40 vuotta aikaisemmin. Ajellessani kohti Hyvinkäätä toistin mielessäni liikunnanohjaajan sanoja:

– Lihaskunnosta pitää ikäihmisen huolehtia.

Uskon muistavani sanat pitkään. Onneksi lähiseudulla löytyy ikäihmisille mahdollisuuksia liikunnan harrastamiseen. Hyvinkään kaupungin ohjatuissa liikuntaryhmissä on niin vesi- kuin tuolijumppaa sekä kuntosaliharjoittelua.

Kaupungin ympäristön kuntopolut ja talven hiihtoladut antavat upean mahdollisuuden ulkoiluun. Myös liikuntaa tarjoavat kaupalliset kuntosalit ovat havainneet vastata tähän ikääntyvien liikunnantarpeeseen. Ne tarjoavat monenlaisia liikuntapalveluja senioriikäisille.

Uskon, että kokeilen kaikkea mahdollista.

Suomalaismenestystä MM-rasteilla

Olen monesti ihmetellyt, kuinka vähän huomiota veteraaniurheilu saa suomalaisessa mediassa. Vaikka Suomen menestys heinäkuun alussa Saksassa Harzin vuoristossa pidetyssä veteraanien suunnistuksen MM-kisoissa oli varsin loistava, ei kovin paljon ei siitä kirjoitettu lehdissä saati sähköisissä viestimissä. Mikä hämmästyttävintä, ei myöskään Suomen Suunnistusliiton internet-sivuilta löydy tietoa suomalaismenestyksestä. Miksi?

Kun noin 4000 suunnistajaa eri ikäluokissa kisaili mestaruuksista, ei kysymyksessä ollut mitenkään pikkukisasta. Varsinkin kun kisojen osanottajia oli ilmoittautunut 43 eri maasta. Kisoissa 18 maata ylsi mitaleille. Suomi oli heti Ruotsin jälkeen mitalitilastossa selkeä kakkonen yhdeksällä kulta-, neljällä hopea- ja kuudella pronssimitalilla.

Suomalaisten arvokisamenestys yleisissä sarjoissa on viime vuosina hiipunut, mutta veteraanisarjoissa se on edelleen vahvaa. Mitä se kertoo? Tulisiko siis Suomessa menestystä saadaksemme kehittää myös veteraaniurheilua? Onko niin, ettei yli 35-vuotiaiden urheilijoiden saavutuksilla ole merkitystä?

Keravalaisen Petteri Muukkosen M35-sarjan sekä sprintin että pitkän matkan maailmanmestaruudet vetävät vertoja monen ison kilpailun voitoille. Samoin on Eila Pekkarisen voitto sarjassa W75. Eivätkö iäkkäämpien saamat mitalit ole yhtä arvokkaita? Edellä olevia jokainen voi pohtia kohdallaan.

Saksan MM-kisoissa oli hieno katsoa, kun kahdeksankymppiset suunnistajat kirmaisivat metsästä finaalipäivänä loppuviitoitukselle. Heidän vauhtinsa ei enää ollut päätähuimaavaa, mutta monella nuoremmalla olisi siinäkin vauhdissa ollut täysi työ pysyä mukana, varsinkin kun takana heillä oli muutaman kilometrin juoksu mäkisessä metsässä. Eikä siinä vielä kaikki; monelle heistä oli viikon aikana suunnistettuna karsintakilpailut ja sprintin finaali.

Valitettavasti suomalaista veteraaniurheilua ei johdeta keskitetysti. Vaikka Suomen Veteraaniurheiluliitto on 353 jäsenseuran valtakunnallinen seuraverkosto, se koordinoi veteraaniurheilua vain kolmella rintamalla: yleisurheilussa, hiihdossa ja luistelussa. Kaikkien muiden urheilulajien veteraaniurheilu on lajiliiton harteilla. Kuten on huomattu, ne eivät kuitenkaan arvosta iäkkäämpiä lajinsa harrastajia.

Totta on, että ihmisen fyysinen suorituskyky laskee iän mukana. Kuitenkin moni veteraaniurheilija on vielä kuusikymppisenä paremmassa kunnossa kuin keskimäärin armeijaikäinen nuorukainen. Eikö ole hyvä ja varsinkin kansanterveyden kannalta tärkeä asia, että ihmiset hoitavat fyysistä kuntoaan ja toimivat esimerkkeinä siitä, että liikuntaa kannattaa harrastaa läpi koko elämän.

Suunnistusohjeita

Joukkueellamme on uusi kapteeni, Mara, joka on suunnistustaipaleensa alussa. Hän etenee joukkueemme ensimmäisellä osuudella. Maralla on uusi kompassi ja outo kartta. tiedän, että Maran kunto on nousussa. Sen näkee kavenneista poskista. Hänellä on edessään pitkä vaativa taival joka vaatii kovaa kuntoa. Matkalla on monta rastia, on ylä- ja alamäkeä on upottavia soita ja vaarallisia jyrkänteitä. Maran on osattava suunnistaa, tehdä oikeita ratkaisuja, löydettävä oikea reitti ja suunta. Jos hän töppää, joukkueemme saattaa hävitä.

Mietin hiukan huolestuneena, onko Maralla tarvittavaa kartanluku- ja suunnistustaitoa. Edellisellä joukkueemme ykkössuunnistajalla oli suunta hukassa. Ajattelen, mistä löytyisi Maralle hyvä neuvonantaja.

Muistan kuinka isävainajani neuvoi minua, kun opettelin suunnistamaan:

– Älä ryntää kartan saatuasi heti liikkeelle, vaan suunnittele reittisi huolella. Valitse ainakin aluksi varma reitti vaikka se kiertäisikin.

Olen useasti unohtanut isäni neuvon, rynnännyt päätä pahkaa vauhtiin ja joskus jopa aivan väärään suuntaan. En ole muistanut, että mitä pitempi rastiväli, sitä tärkeämpää on tutkia tarkkaan karttaa ja sen jälkeen tehdä reitinvalinta. Toivon, että Maralla on parempi maltti kuin minulla. Toivottavasti hän malttaa huolella tarkastella karttaa, katsoa reitin vaarakohdat.

Tiedän Maran opetelleen suunnistuksen alkeita ulkomailla. Suomalainen kartta eroaa ulkolaisista. Mutta osaako Mara suunnistaa suomalaisella kartalla, jonka mittakaavakin on erilainen? Tietääkö hän, että maastossa liikuttaessa on pidettävä kartta aina oikeaan suuntaan.

Mara kävi Ruotsissa harjoittelemassa. Siellä hän antoi ymmärtää, että hänelle on reitinvalinnat selvät. Epäilen, ettei hän ollut nähnyt karttaa kokonaisuudessaan saati kaikkia rastimääritteitä.

Isäni korosti, että ellei polku- tai tiereittiä ole on otettava suunta sopivaan selvään maastokohteeseen ja jatkettava maastopisteestä toiselle tukipisteelle. On verrattava karttaa ja maastoa toisiinsa. Pelkään, että Maran kunto noussut ja hän ei malta aloittaa hitaasti ja lisätä vauhtia vasta suunnistustaidon noustessa.

Hän saattaa sortua "peesaamiseen"
– Muista, isäni sanoi – ellet heti löydä rastia älä hätäänny, vaan tutki karttaa. Missä muuallakaan voisit olla kuin rastin läheisyydessä? Palaa viimeiseen varmaan tukipisteeseen ja yritä uudelleen.

Isäni painotti, ettei koskaan saa kulkea toisten perässä "peesata" lukematta itse koko ajan karttaa.
– Hyvä suunnistaja tietää aina missä ollaan ja minne ollaan menossa.

Veteraaniurheilua

Finnairin lento Budapestista ylitti Tallinnan ja saapui Suomen ilmatilaan. Aurinko oli painunut horisontin taakse, mutta näkyvyys oli vielä hyvä. Vilkaisimme ikkunasta kohden horisonttia.
– Ei taida tulla yhtään Ilmavoimien hävittäjää saattamaan meitä Helsinki – Vantaan lentokentälle, vieressä istunut nuori mies sanoi.

Hän oli palaamassa opiskelumatkaltaan Budapestista. Hetkeä aikaisemmin kerroin hänelle, että kone oli puolillaan veteraanien MM-kisoista palaavia suunnistajia ja joukossa myös muutamia MM-mitalisteja.
– Ei niitä koneita todellakaan näy, sanoin ja katsoin vielä varmuuden vuoksi ikkunasta.

Olin palamaassa Unkarista Pécs:n kaupungissa järjestetyistä MM-kisoista, joissa reilut 3300 veteraanisuunnistajaa 38 maasta oli ratkonut viikon ajan paremmuuttaan. Kisat menivät suomalaisittain hyvin: MM-mitaleja tuli suomalaisille useammassa eri sarjassa. Tosin lähiseutuni suunnistajat eivät ihan palkintopallille asti yltäneet. Finaalipäivän lehdistökatsomossa en nähnyt yhtään urheilutoimittajaa. Yksi valokuvaaja oli maalisuoralla, sekin taisi olla järjestäjien kuvaaja.

Havaintoni siitä, etteivät veteraanikisat kiinnostaneet lehdistöä sai minut mietteliääksi. Kyllähän minä tiesin, etteivät kaikki suunnistajat olleet ihan tosimielellä kisassa mukana. He olivat oivaltaneet liikunnan ja lomailun yhdistämisen. Mutta joka sarjassa oli myös niitä, jotka harjoittelivat tosissaan, kävivät kovia ennakkokisoja ja toimivat kuten muutkin huipulle tähtäävä urheilijat. Kisassa oli mukana myös useita "ikiliikkujia", joiden kunto ja suunnistustaito olivat hämmästyttävän kovalla tasolla. Jututin erästä 72-vuotiasta Hän kertoi nuorena kilpailleensa pikajuoksuissa, mutta lopettaneensa parikymppisenä.

– Olin siinä neljänkymmenen, kun työkaverit innostivat minut firman suunnistusporukkaan. Nyt olen kiertänyt monissa MM-kisoissa, totesi suoritukseensa tyytyväinen isoisä.

Kysymys kuuluukin: voitaisiinko joskus veteraaniurheilija valita vuoden urheilijaksi? Oma esitykseni voisi olla Turun Suunnistajien Janne Salmi, joka saavutti 40-sarjassa sekä sprintin että pitkän matkan mestaruuden. Naisissa paras voisi olla 80-vuotiaiden tuplamestari Jämsän Retki-Veikkojen Sole Nieminen.

Parin päivän päästä kotiinpaluustani ajattelin kirjoittaa veteraaniurheilusta lehtijutun. Etsin internetistä Suomen Suunnistusliiton sivut saadakseni lisätietoa siitä, mitä liitto tiedottaa suomalaisveteraanien Unkarin menestymisestä. Tutkiminen oli turhaa, sanaakaan en löytänyt.

Onneksi Suomen Urheiluliiton sivuilta löytyi tieto, että suomalaiset voittivat neljä maailmanmestaruutta Sacramentossa kilpailtavien veteraanien MM-kilpailuiden kolmantena päivänä. Lisäksi kolme suomalaista palkittiin hopeamitalein.

Aliarvostettu veteraaniurheilu

Lauantaina Riihimäen urheilukentälle kokoontuu noin 300 juoksijaa kamppailemaan maantiejuoksun veteraanisarjojen Suomen mestaruuksista. Näyttää siltä, että veteraaniurheilu ei kuitenkaan saa maassamme suuren median ja yleisön taholta arvostetusta.

Kun 93-vuotias Erkki Luntamo saapui kesällä Portugalista suunnistuksen veteraanien maailman mestarina kotimaahan, ei lentokentällä ollut vastassa tv-kameroita, ei lehdistöä. Todennäköisesti vain joku sukulainen oli tullut vetreää veteraania tapaamaan. Median poissaolon syy oli selvä: samaan aikaan urheilutoimittajilla oli paljon tärkeämpää tekemistä. Oli oltava tekemässä juttua paikallisesta kolmosessa pelaavasta nuorten jalkapallojoukkueesta.

Valitettavasti suomalainen urheilujournalismi on nuoruutta ihannoivaa. Siinä esille nostetaan vain alle kolmekymppiset, joilla on vielä mahdollisuus kehittää tulostaan.

Muutama vuosi sitten, Riihimäen kisoihin ilmoittautunut, Paavo Pystynen juoksi yli 70-vuotiaana puolimaratonin aikaan 1.35,07. Pystysen saavutuksesta ei mediassa mainittu sanaakaan. Totta on, että Pystysen aika on kaukana maailman ennätyksestä ja miehen omasta vuosien takaisesta parhaasta tuloksestakin kymmeniä minuutteja. Pystysen saavutukselle olisikin löydettävä oikea vertailukohde. Esimerkiksi se, että aika on paljon kovempaa vauhtia kuin keskimäärin suomalaisalokkaat pystyvät juoksemaan ns. Cooperin testissä. Ja matkakin on lähes kymmenen kertaa pidempi. Olisiko siinä ollut otsikon paikka? Pystynen on oiva esimerkki siitä, kuinka hänen oman huippu-urheilu-uransa jälkeen, liikunta on kuitenkin seurannut häntä läpi koko elämän.

Miksi itseään urheilun asiantuntijoina pitävät toimittajat ja urheilua seuraava yleisö väheksyvät veteraaniurheilijoiden saavutuksia?

Usein huippu-urheilua puolustetaan sillä, että huippu- ja kilpaurheilijat toimivat idoleina ja esimerkkinä, jotta nuoret saadaan terveellisen liikunnan piiriin. Eikö samaa ajattelumallia voitaisi ajatella myös veteraaniurheilusta? Tulevaisuudessa aikuisväestön fyysinen kunto ja terveys tulevat olemaan maamme menestyksen eräitä kulmakiviä. Valitettavasti maastamme löytyy suuri joukko täysin liikuntaa harrastamattomia veteraani-ikäisiä (lue yli 35-vuotiaita) niin miehiä kuin naisia.

Kun lauantaina Riihimäellä pidettävät veteraanien maantiejuoksun SM-kisat alkavat, olisi mukava nähdä asiantuntevaa yleisöä ja suurten lehtien- ja TV:n toimittajia kannustamassa juoksijoita. Riihimäellä he voivat nähdä, kuinka hyväkuntoisena ikäihmisenäkin voi nauttia kilpailusta ja liikunnan tuomasta riemusta.

Luonnonrauhaa

Kaskelan luontopolku lähtee parkkipaikalta Vanhan Lahdentien kupeesta. Se noudattelee kesantopellon reunaa kunnes kääntyy metsään.

Vihreä viitoitus johtaa kulkijan kohti ylhäällä olevaa kalliota. Keväisen metsän siimeksessä, polkua peittää paikoin jäätikkö ja tiheikössä on lumisia kohtia muistoina menneestä talvesta. Kulkija aistii kevään tulon, lintujen laulu täyttää ilman.

Kaukaa taustalta kuuluu moottoritien äänet. Ne peittävät alleen heikompiäänisten lintujen viserryksen. Polunristeys saa kulkijan pysähtymään, etsimään viitoitusta, joka näkyy heikosti oikealle vievän polun vieressä kasvavaan mäntyyn maalatuna. Vähän käytetty polku-ura johtaa edelleen yhä ylemmäs kalliolle. Kevätaurinko lämmittää mukavasti ja hiki nousee otsalle.

Ylhäällä kalliolla on hetki aikaa huokaista, katsella ja kuunnella ympäröivää luontoa sekä havaita, kuinka moottoritien melu kuuluu nyt paljon voimakkaampana kuin alhaalla puiden suojassa.

Polku laskeutuu alas pohjoista kallion rinnettä. Rinne on kuljettava varoen liukastumista, sillä paikka paikoin kalliolla on vielä lunta. Jyrkän kallion juurelta polku kääntyy vasemmalle kohden Keravan jokea. Kulkija havaitsee tyytyväisenä, että keväinen lintujen laulu kuuluu nyt voimakkaampana, sillä korkea kallio peittää liikenteen äänet.

Keravanjoki virtaa mutaisen harmaana. Sen pinnan alle ei näe viittä senttiä syvemmälle. Katse kiinnittyy joen toiselle puolelle, jossa vankilan kalteri-ikkunoiden takana ihmiset odottavat pääsyä vapauteen, luonnon rauhaan. Mustarastas lentää joen yli, ja hetken kuluttua sen laulu kuuluu kuusen latvasta.

Luontopolku lähestyy Vanhaa Lahdentietä ja liikenteen melu voimistuu. Se sammuttaa alleen lintujen äänet ja kulkija alkaa kaivata entistä enemmän todellista maaseudun rauhaa, paikkaa jossa kuulee kevätpuron liplatuksen, tuulen suhinan ja lintujen viserryksen.

Melu alkaa hermostuttaa. Kulkija haluaisi kuulla mustarastaan laulua, mutta vain nastarenkaiden tasainen humina kuuluu selvänä. Hän kaipaa paikkaa, jossa ei autoja näe eikä turhaa pakokaasujen polttamista tehdä.

Vajaan tunnin ulkoilun jälkeen on hyvä palata parkkipaikalle, laittaa saappaat auton takakonttiin ja istuutua auton rattiin. Autolla kotia kohti palatessa voi miettiä, kuinka turha liikenteen melu ja pakokaasut pilaavat eteläisen Suomen luonnon.

.....

Ei ole tärkeätä, kuinka vanha olet,
vaan kuinka olet vanha.
– Marie Dressler

VUODEN VALINTOJA

On vain yksi periaate: epätäydellisyys.
Joka hyväksyy sen, jaksaa elää.
– Eeva Kilpi-

Vaikeita valintoja

Syksy on erilaisten valintojen aikaa. Kansa seurasi mielenkiinnolla kun jääkiekkomaajoukkueelle valittiin uutta luotsia ja sitä kuinka Suomen Olympiakomitealle valittiin uutta puheenjohtajaa. Kisaan huippu-urheilun keulakuvan paikasta ilmoittautui monta hakijaa. Valintatilanne muistutti jotenkin Suomen pankin tai Ylen pomojenvalintaa. Halukkaita oli paljon, mutta sopivia varsin vähän.

Urheilijat tippuivat olympiakomitean valinnoissa, kuin myös suuren suomalaisen valintaäänestyksen alkukierroksilla. Olympiakomitean puheenjohtajan valinnassa entinen pika-aituri Arto Bryggare ei päässyt kunnolla vauhtiin, vaan kompastui jo ensi aitoihin.

Turun suuri lahja suomalaiselle urheilulle – Ilkka Kanerva – otti kisassa loppukirin ja oli aivan lähellä voittoa, mutta kuinka ollakaan, kilpailuun viime hetkellä ilmoittautunut Roger Talermo otti paikan äänin 38 – 36.

Useissa kisoissa toiseksi jääneelle Kanervalle voidaankin sanoa vanha lause: "Hoppee ei ole mikkää häppee". Sen koki myös Talermo, kun jäi hopealle syksyllä 2000 Hiihtoliiton puheenjohtajan vaalissa. Paavo M. Petäjä valittiin silloin neljän äänen marginaalilla puheenjohtajaksi. Valinnasta oli kulunut vain reilut kolme kuukautta, kun Petäjä joutui häpeään Lahden MM-kisajupakan selityksineen.

Valitettavasti yhtään hopea- tai muunkaan väristä mitalia ei tullut Ateenan kisoista kenellekään Kanervan vuosia johtaman Suomen Urheiluliiton urheilijalle.

"Hopeamitalisti" Kanerva varmaan tykönään pohtiikin, kuten suomalaisurheilijat palatessaan Ateenasta: "Tein parhaani ja katsoin mihin se riittää".

Olisikohan myös SUL:ssä uusien valintojen aika? Päivänä muutamana kirje putosi kolahtaen postiluukusta. Otsikko kertoi, että kysymyksessä oli vuoden 2004 urheilijan äänestyspaperit. Liitteenä oli luettelo menestyneistä urheilijoista ja joukkueista. Alkoi ankara pohdinta, kenet valitsisin. Kuka täyttäisi kriteerit?

Olisiko mäkihyppääjä Janne Ahonen parempi kuin monipuolinen suunnistaja Lisa Anttila vai olisiko kenties sittenkin jääkiekon maailmancupin hopealla ollut joukkue parempi kuin jääpallon maailmanmestarit? Kun itse on valintatilanteessa ja on paljon hyviä ehdokkaita, menee sormi helposti jos nyt ei ihan suuhun niin ainakin selailemaan lisätietoja.

Miten arvostaisin Leo-Pekka Tähden paralympialaisten kelauksen kultamitalit verrattuna Tiia Piilin aerobicin maailman- ja Euroopan mestaruuksiin.

Katsoin saamaani listaa tarkkaan, mutta siitä puuttui mm. 80-vuotiaiden naisten kolminkertainen hallimaailmanmestari Kaija Jortikka. Hän loikki kisoissa uuden SE:n 4,19. Samoissa kisoissa hänelle tuli mestaruus myös painonheitossa ja kuulassakin hän pukkasi hopealle. Jortikka on myös todellinen mestariurheilija, mutta miksi nimi puuttuu listalta?

Olin vuoden aikana huomannut, että suomalainen veteraaniurheilu on maailmanluokkaa ja mitaleja tulee lähes kisasta kuin kisasta.

Myös Roger Talermo on vaikeiden valintojen edessä, jos pysyy ensimmäisissä kommenteissaan. Hänen mielestään rahoja tulisi kohdentaa sinne, mistä on saatavilla eniten mitaleja.

Valinnat ja arvostuskysymykset ovat joskus kovin vaikeita, joten päätin jälleen olla äänestämättä vuoden urheilijaa kuten suurinta suomalaistakin.

123

Liikuttavia ajatuksia

Loppuvuodesta valitaan eri urheilulajien parhaita ja tietysti vuoden urheilija. Täytyy myöntää, vaikka minulla olisi ollut mahdollisuus, en koskaan ole osallistunut tähän äänestykseen. Olen pitänyt asiaa varsin hölmönä. Eri urheilulajien ja niissä tehtyjen saavutusten vertailu on aina enemmän tai vähemmän teennäistä ja rehellisesti sanottuna jopa hiton vaikeaa. Valinnoissa aina vaikuttavat kunkin äänestäjän oma lajirakkaus. Nyt olen tullut kuitenkin hiukan tosiin ajatuksiin. Ei niin, että osallistuisin vuoden urheilija äänestykseen. Ei sinne päinkään.

Olen sitä mieltä, että vuosittain on valittava niin valtakunnan kuin paikallistasolla vuoden liikuttaja. En väitä, ettei tätä ajatusta joku toinenkin olisi jo pohtinut, kuten Suomen Latu, joka valitsi Puolustusvoimat vuoden liikuttajaksi. Liikuttaahan puolustusvoimat nuoria aina Afganistaniin asti.

Täytyy heti sanoa, että samanlaiset valintaongelmat minulla on kuin vuoden urheilijan valinnassa. Silti uskallan tällä kertaa tehdä valintoja, tietoisena siitä, että se aiheuttaa lähes samanlaisen keskustelun kuin vuoden urheilijavalinnat.

Ehdokkaita vuoden liikuttajiksi minulla on monia. Ensimmäisenä valtakunnan tason liikuttajaksi mieleeni nousee eduskunnan urheilukerho, joka taannoin varsin liikuttuneena totesi varojensa liikkuneen aivan vääriin käsiin. Vaikka nämä kerholaiset ovat liikuttavan yksimielisiä valtion liikuntamäärärahojen pienuudesta, eivät he tee juuri mitään asian korjaamiseksi. Tästä syystä tämä porukka ei tule valinnassani kysymykseen.

Mistä sitten löytyisi se yhteisö, joka olisi saanut suomalaiset niin lapset kuin vaaritkin vuoden aikana massoittain liikkumaan? Valintani menee ehdottomasti Suomen Suunnistusliitolle ja tietysti sen seuroille. Valintaani ei tietenkään vaikuta pelkästään Hyvinkäällä ensi vuonna järjestettävä Jukolan Viesti. Suunnistusliiton kunto- ja kilpatoiminta on mielestäni esimerkillistä. Vaikka minulla ei ole tarkkoja tietoja eri paikkakunnilla järjestettyjen kuntorastien lukumäärästä ja kuinka monta henkilöä niihin osallistuu, tiedän kuitenkin, että lukumäärät ovat varsin suuret. Lisäksi, minkä muun lajin tapahtumissa maailman parhaat urheilijat kilpailisivat yhdessä tavallisten kuntoliikkujien kanssa.

Paikkakuntamme liikuttajaksi valitsisin tällä kertaa, monien hyvien ehdokkaiden joukosta, Hyvinkään seudun Urheilijat. Miksi? kysyy varmaan moni. Tiedämme kaikki, että seutumme yleisurheilun taso on aika olemattomalla tasolla, jos vertailukohdaksi otetaan vaikkapa Kalevan Maljan pisteet.

Valintani tulee siitä liikuttavan uutterasta sitkeydestä, jota seuran johto- ja toimihenkilöt ovat vuosia tehneet paikkakuntamme lasten ja aikuisten yleisurheilun ja liikuntaharrastuksen edistämiseksi.

Jos nämä ehdotukseni saavat ajatuksia liikkumaan muiden henkilöiden päissä, en puhkea liikutuksen kyyneliin, jos valinnat ovat toisenlaiset kuin minulla.

Vuoden urheilijavalinta ja kahden kerroksen väkeä

Kohta se taas on edessä, nimittäin Vuoden urheilijan valinta. Heti alkuun minun täytyy tunnustaa, etten ole koskaan osallistunut Vuoden urheilijan valintaan. En, vaikka minulla olisi siihen ollut mahdollisuus.

Syykin on yksinkertaisen selkeä, valinta on varsin vaikea. Sitä todistaa se, että monesti urheilutoimittajien tekemään valinnan jälkeen on noussut kova poru siitä, miksi se tai tuo urheilija ei tullut valituksi. Toimittajien ammattitaitoa on moitittu ja joitakin haukuttu "hiihtoniiloiksi". Luulen, että tammikuussa jälleen valinnasta ollaan montaa mieltä.

On muistettava, että urheilutoimittajat valitsevat "Vuoden urheilijan", eivät siis vuoden parasta urheilijaa, joka sinänsä olisi vielä paljon vaikeampi valinta. Myös TUL valitsee omasta piiristään Vuoden urheilijan. Se valinta vaatii todellista ammattitaitoa. Vaikka minulta ei valinnasta koskaan ole kysytty, ja tuskin tullaan kysymään, esitän omia mielipiteitäni valinnan tekijöiden kiusaksi tai vaikka opiksi. Urheilulajien kirjo on valtava. Yksistään TUL:n piirissä harrastetaan monia urheilulajeja, joissa löytyy myös menestyneitä urheilijoita. Kenet siis valitsisin ja mitkä seikat saavutukset olisivat kriteereinä?

Mielestäni tulevassa valinnassa olisi oivallinen mahdollisuus lähteä varsin uusille urille, joihin me urheilutoimittajat omassa lajisokeudessamme emme aina välttämättä pysty.

Miten olisi, jos vuoden urheilijaa etsittäisiin aikuisurheilijoiden piiristä. Nämä entiseltä nimeltään veteraaniurheilijat ovat tuoneet tänäkin vuonna kahmalokaupalla kansainvälistä menestystä. Miksi siis emme arvostaisi heidän saavutuksiaan? Yksistään tämän vuoden Budapestin yleisurheilun MM-hallikilpailuissa suomalalaiset aikuisurheilijat saivat roppakaupalla mitaleja.

Varmasti nämä saavutukset ovat urheilullisesti varsin kovaa valuuttaa. Eivätkö myös aikuisurheilijat sovi hyviksi esimerkeiksi siitä, miten omaa kuntoaan voidaan vaalia vielä nuoruusiän jälkeen. Kuten joku on joskus sanonut, aikuisurheilijoiden aliarvostus johtuu siitä, ettei heillä nähdä olevan markkina-arvoa. Vaikuttavatko siis valintoihin vain taloudelliset intressit?

Nykymuotoisessa, mahtipontisessa Urheilugaalassa korostuu varsin voimakkaasti myös raha ja eriarvoisuus sekä urheilun kahden kerroksen ajattelu. Gaalaan illallispöytään pääsee 315 euron hinnalla (+ALV) ja varattomampi väki pääsee hiukan halvemmalla seuraamaan kauempaa katsomosta, kun varsinainen ohjelma alkaa.

Voitaisiinko siis nyt alkuun nostaa menestynyt aikuisurheilija esille ja maksaa hänelle tuo Urheilugaalan päivällismaksu? Tai, miltä näyttäisi koko pöydällinen aikuisurheilijoita, jotka ovat saavuttaneet maailmanmestaruudet?

Vuoden Kankkunen

Urheilutoimittajat ilmoittivat vuodenvaihteessa televisiossa, että Kankkunen on kova. Mutta, mikä tekee Kankkusesta vuoden parhaan? En löydä mittaria jolla asian ymmärtäisin. Tiedän, että urheilutoimittajat ovat alansa asiantuntijoita, joten heitä on uskottava. Vai onko?

Citius, altius, fortius – nopeammin, voimakkaammin korkeammalle.

Otan esiin tietosanakirjan ja katson, mitä sanotaan:

"Urheilu on niiden liikuntamuotojen yhteisnimitys joiden tavoitteena on kilpailumenestyksen ja hyvän tuloksen saavuttaminen tai tyydytyksen ja virkistyksen saaminen suoritukseen liittyvästä ruumiillisesta ponnistuksesta sekä samalla myös fyysisen kunnon kohottaminen ja ylläpitäminen."

Juha Kankkunen on saavuttanut siis suomalaisista eniten viime vuonna – määritelmässä tarkoitettua - tyydytystä, virkistystä ja kilpailumenestystä, mutta tiedän fyysisesti paljon kovempikuntoisia suomalaisia.

Miksi "maitomies" Ari Vatanen tai formualla ajava tupakkamainosmies ei sitten ole paras? Onko myös Vatasella vähemmän kuntoa kuin Kankkusella? Onko vika maidossa vai Vatasen autossa? Entä yskiikö tupakkamainos-formulakuskin auto eikä kuski pysty parhaaseen fyysiseen ponnistukseen.

Pauli Kiuru, maailman toiseksi paras triathlonisti, on fyysisesti kestävämpi kuin edellä mainitut. Eikö Kiuru siis ole saavuttanut tarpeeksi tyydytystä ja virkistystä vaativassa lajissaan, jotta hänet voitaisiin valita vuoden urheilijaksi. Kiurun liki kahdeksan tuntia kestävässä kilpailulajissa viimeiset kaksi eivät ole virkistystä. Se on kamppailua fyysistä väsymystä ja tuskaa vastaan.

Teemu Vesala on lähes yhtä hyvä triathlonisti kuin Kiuru ja lisäksi Suomen mestari viestihiihdossa. Onko Vesala siis parempi urheilija kuin Kiuru? Kas siinä pulma.

Rallikuski Juha Kankkunen on viime vuonna "kovin" eli vuoden urheilija. Olen ehdottomasti sitä mieltä, että Kankkunen on maailman paras ralliautoilija. Mutta onko hän urheilijana paras Kankkunen. Onko hän parempi triathlonissa kuin Kiuru tai jalkapallossa kuin Jari Litmanen. Onko hän edes kävelyssä parempi kuin suomalaiset kilpakävelijät?

Suomalainen urheilujournalismi arvostaa valitettavasti tällä hetkellä entistä enemmän lajeja, joissa ei ratkaise ihmisen hiki, fyysinen tai psyykkinen kunto.

Myös vuoden taiteilijan valinta vertaamalla kirjailijoita, laulajia, taidemaalareita ja kuvanveistäjiä keskenään olisi yhtä pöhköä puuhaa. Ei millään voi mitata eri lajien saavutusten paremmuutta keskenään.

Unohtakaamme koko vuoden urheilijan valinta ja valitkaamme vain vuosittain kunkin lajin paras urheilija. siinäkin riittää toimituksissa miettimistä moniksi päiviksi.

OUTOA KÄYTTÄYTYMISTÄ

Motivaatio on sitä, että unelmien ylle vedetään työhaalarit.

– Parker Robinson–

Dementiahiihtoa

Työnsin sauvoillani ulkoilutien pintaan niin rivakasti, että ääni kantautui pitkälle syksyiseen metsään. Askeleeni veivät mukavasti eteenpäin.

Tien vasemmalla puolella maleksi minua hiukan vanhempi, lihavahko mieshenkilö. Hän näytti ulkoiluttavansa koiraansa.

– Onpa kova vauhti päällä, hän sanoi lähestyessäni. Hiljensin hänen kohdallaan ja sanoin, että sauvakävely on mukavaa.

– Sain tuosta tarpeekseni neljäkymmentä vuotta sitten, kun harrastin hiihtoa. Rämmin soilla sauvojen kanssa, mies sanoi.

Vastasin pitäväni liikunnasta ja jatkoin jälleen matkaani.

Ajattelin, kuinka moni urheilija jättää liikunnan harrastamisen oman aktiivikilpauran jälkeen. Onko suomalaisessa valmennusjärjestelmässä jotakin vikaa? Miksi liikuntaharrastus ei jatku monellakaan ikäihmiseksi asti?

Kun sauvakävelyä lanseerattiin Tuomo Jantusen toimesta reilu vuosikymmen sitten, moni piti sitä varsin naurettavana, vaikka se oli pitkään kuulunut kilpahiihtäjien lajinomaiseen kesäharjoitteluun.

Joku nokkela nimesi sauvakävelyn dementiahiihdoksi. Varmaan nimeäjä ei ollut perillä liikunnasta ja siitä, kuinka reipas kävely ja vielä sauvojen käyttö on varsin hyvää kuntoharjoitusta. Se toimii niin kilpaurheilijoilla kuin tavallisilla kuntoilijoilla.

Aikanaan suomalaisten kestävyysjuoksijoiden talven harjoitteluun sisältyi myös paljon reippaalla vauhdilla tehtyjä pitkiä kävelylenkkejä. Joku puolestaan nimesi sen harjoitusmuodon "vaahtopääkävelyksi".

Tälläkin peruskuntoharjoittelulla saavutettiin tuloksia, jotka ovat vertailukelpoisia suuren osan tämän päivän maamme aktiivijuoksijoiden tulosten kanssa.

Monen kuntojuoksijan harjoitus on pelkkää kilometrien keräämistä juosten. Totta on, että elimistö on totutettava juoksun "iskutukseen". On kuitenkin monia muitakin kestävyyttä kehittäviä liikuntamuotoja kuten pyöräily, hiihto ja vaikkapa uinti.

Loppusyksystä, ennen kuin hiihtokausi alkaa, on dementiahiihto mitä mainioin tapa hankkia peruskuntoa talven hiihtolenkkejä ja kesän juoksutapahtumia varten. Sauvakävely maastossa säästää jalkoja juoksun aiheuttamalta rasitukselta ja pitemmätkin lenkit pysyvät turvallisella, kehittävällä rasitustasolla.

Harjoittelun, oli sitten kysymyksessä kilpa- tai kuntourheiluun tähtäävä, on oltava kehittävää, mielekästä ja sellaista, että sitä voi harrastaa vuodesta toiseen.

Olen jo sen ikäinen, että avovaimon mukaan dementiankin oireita minulla on. Silti tulen edelleen kiertämään kuntopolkuja sauvojen kanssa, sanoi siihen kuka mitä tahansa.

Sukset otan käyttöön vasta sitten, kun Hyvinkään ladut ovat siinä kunnossa, että niillä pystyy hiihtämään. Alkuun saatan – jopa jonkin aikaa – hiihtää ilman sauvoja, mutta se onkin sitten toisen ihmettelyn ja jutun aihe.

Ajatuksia Vuokatin laduilla

Ajatukset tulivat minulle hiihtäessäni yksin Vuokatin keväisillä laduilla. Ei niitä kukaan minulle sanonut, ei varsinkaan valtionvarainministeriön virkamiehet.

Lähdin Särkisen rannasta ja ylitin järven rauhallisesti suksia liu'utellen. Aurinko oli noussut pari tuntia aikaisemmin ja sen säteet valaisivat Vuokatinvaaran. Jokunen nuori laskettelija kiisi rinnettä alas, mutta minulla ei ollut kiire minnekään. Olin lomalla. Suksi luisti, kun suuntasin kulkuni kohden Ohravaara. Hetken päästä tunsin, kuinka hiki kasteli paitani.

Viiden kilometrin päästä alkoi kilometrin nousu. Ensin loivana, mutta loppuosuudelta se jyrkkeni kuin maailmanlaajuinen talouslama. Lähellä mäen huippua pysähdyin tasaamaan hengitystäni. Minun ikäisenä, oli oltava varovainen, ettei uuvuta itseä jo alkumatkasta. Joskus nuorempana olisin noussut mäen pysähtymättä, mutta nyt en jaksanut, eikä minulla ollut sitä nuoruuden intoa ja uhoa.

Oli aikaa katsella ympärilleni. Vasemmalla avautui kevättalvinen maisema, alhaalla lumipintaiset kuuset. Kauempana Sapsojärven toisella puolella siinteli Sotkamon kirkonkylä, jonka pesäpallostadionilla seurasin kerran Oulun Lipon ja Sotkamon Jymyn pesäpallo-ottelua. Se oli paljon ennen niitä sopupelejä, joita jotkut huijarit sopivat.

Viime aikoina on näitä ahneita huijareita maailmasta muitakin löytynyt. Siitä on todisteena maailman laajuinen lama, taantuma vai miksi sitä nyt pitikään sanoa. Harmittavaa on vain se, että tavalliset kansalaiset joutuvat aina maksumiehiksi.

Nojatessani sauvoihini ja tasatessani hengitystäni mietin, kuinka urheilussa ja työelämässä on tärkeää levon ja rasituksen oikea suhde. Hyvään urheilutulokseen ei päästä harjoitusmäärää ja rasitusta jatkuvasti lisäämällä. Valmentaminen olisi äärettömän helppoa jos se, joka harjoittelisi eniten ja kovimmin olisi paras.

Oikein johdetussa niin valmentamisessa kuin työelämässäkin on otettava huomioon henkilön ikä ja psyykkiset sekä fyysiset erot. Selvää on myös, ettei kukaan huippu-urheilija pysty samaan suoritukseen kuusikymppisenä kuin alle kolmekymppisenä. Varmaa on myös, ettei suurin osa työntekijöistä pysty edes nykyiseen eläke-ikään nuoruutensa kunnossa saati edes terveinä.

Siinä katsellessani kaunista kainuulaista maisemaa mieleeni tuli ne monet hölmöläissadut, joissa aina naapurikylän "viisas Matti" keksi ongelmiin ratkaisuja. Minua viehätti satu peiton jatkamisesta.

Sadussa, toisesta päästä peittoa leikattiin pala ja liitettiin jalkopäähän. Näin Hölmölässä kuviteltiin peiton pitenevän. Paluumatka myötämäkeen tuntui helpolta. Kurvatessani takaisin Särkisen jäälle ajattelin, ettei vain se naapurikylän Matti keksi, että hiihtäminen laitettaisiin verolle, sillä keväthangilla hiihtäessä tulee mieleen, mitä ihmeellisimpiä ajatuksia.

Outoa käyttäytymistä

Vanhempi pariskunta hiihtää vastaani. He heilauttavat kättään hyväntuulisesti tervehdykseksi ja ennen ohitusta toivottavat hyvät huomenet. Katson hämmästyneenä heidän outoa käyttäytymistään, sillä en ole heitä ennen nähnyt. Tiedän asian varmasti, sillä olen pohjoisessa tuhannen kilometrin päässä Keravalta. Hölmistymisestäni selvittyäni vastaan tervehdykseen.

Hiihtäessäni mietin, miksi ihmiset muuttuvat lomallaan? Minne häviää totisuus ja jurous? Miksi lomapaikoissa ilmeet ovat iloisia? Miksi tervehditään tuntemattomia? Mitä varten lomalla puhutaan niitä ja näitä, eikä titteleillä ole merkitystä.

Latu-ura kiemurtelee ylös vaaran rinnettä kohden Lampivaaran kämppää. Matka taittuu, sillä sukseni luistavat ja pitoakin kotimaisista suksista löytyy. Tunnen kuinka pohjoisen hyväntuulisuus tarttuu minuun. Taakse ovat jääneet etelän loskakelit. Tiedän kuinka siellä lähes 13 tunnin automatkan päässä ihmiset kulkevat pahantuulisina ja puhumattomina, istuvat tuppisuina täysissä linja-autoissa. Pysäkeillä he eivät kuule juuri keskustelun sanaa. Kenelläkään ei näytä olevan mitään sanottavaa toisilleen. Ja jos joku erehtyy sanomaan jotakin, niin häntä pidetään hulluna tai humalaisena.

Aamuaurinko luo odotusta kesästä ja lämmittää kasvoja. Hyvä mieli lisääntyy sillä arki on jäänyt kauas napapiirin eteläpuolelle eikä "tiukkapipoisuudesta" ole tietoakaan.

– Jos mieli on väsynyt rasita kehoa ja jos keho on väsynyt rasita mieltä, ystäväni neuvo palautuu mieleeni.

Tunturin hanki hohtaa valkoisena ja Lampivaaran tupa tulee näkyviin. Tiukka viimeinen nousu pistää puuskuttamaan.

– Mitä sulla on pitona, mie laitoin nollasta miinus kahteen, mut se tuppaa jäätymään, suksitelineen vieressä seisova, vihreään anorakkiin pukeutunut mies sanoo ja katsoo kysyvästi minuun.

Hengästyneenä en heti sano mitään, vaan kaivan repustani sinisen voidepurkin. Hetken tasaannuttuani saan sanotuksi muutaman sanan. Sitten keskustelemme eri reiteistä, samalla kun hän voitelee suksensa.

– Rykimäkuruun vievä lasku on vähän jäinen, joten varo sitä, hän sanoo lähtiessämme jatkamaan matkaamme eri suuntiin.

Jäisen laskun ja muutamien kilometrien hiihdon jälkeen Kotakylän laavupaikalla on mukava levähtää. Nuotion ääressä voin keskustella jälleen tuntemattomien ihmisten kanssa sekä katsella kuinka kelon oksalla kerjää pää kallellaan leivänpalaa etelästä tulleilta hiihtäjiltä.

Jos jonain arkiaamuna satun näyttämään hyväntuuliselta, pyydän anteeksi etelään sopimatonta käyttäytymistäni, sillä elän vielä silloin mukavissa lapin lomamuistoissani. Uskon, että opin pian taas tänne sopivan mököttämisen taidon.

Miksi suksi ei luista?

En voi yhtyä väittämään, että on sukuvika, jos suksi ei luista. Ei se niin mene, vaikka suvustani ei huippuhiihtäjiä löydy. Eikä se johdu siitä, ettei hiihtolatuja löydy lähempää kuin Riihimäeltä.

Eräänä päivänä tunsin itseni latumerkiksi, sillä pikkupojat ja vanhat mummotkin ohittivat minut hiihdellessäni Riutan maastossa. Jotain minun oli siis tehtävä.

Suuntasin matkani Kainuuseen huippuvalmentajan pakeille. Vuokatissa lunta oli enemmän kuin Hyvinkäällä tai Riihimäellä yhteensä.

Oli iltapäivä, kun valmentajan kanssa seisoimme sukset jaloissamme.

– Aloitetaan kävelystä. Tavoitteena askeleet, jotka tulevat puolitoista jalan mittaa tukijalan eteen, valmentaja sanoi. Otin muutamia askelia. Vaikka sää oli nolla kieppeillä, suksi tuntui pitävän hyvin. Kun olin kerta päättänyt oppia hiihdon oikean tekniikan, oli alkeista lähdettävä.

– Muista käsien oikea rytmi. Ja seuraavaksi sitten sauvoitta hiihtoa, valmentaja komensi. Hetken päästä könysin mäkeä ylös ja alas niin, että hiki kasteli paidan ja jaloissa maitohapot kipristivät lihaksissa. Osio meni mielestäni kohtuullisen hyvin, ja katsoin kysyvästi valmentajaa.

– Kun hiihdetään kovempaa, hiihto muuttuu aina haastavammaksi ja tasapainon merkitys kasvaa, valmentaja sanoi. Sitten hän käski laskemaan loivaa mäkeä yhdellä suksella. Siitä ei sitten tahtonutkaan tulla mitään. Toinen jalka oli laitettava tavan takaa maahan ja lopulta menin nurin. Arvatkaa vaan, nolottiko, aikuinen mies ja nurin loivassa mäessä.

– Kun hiihdetään kovempaan vauhtia ja liutaan yhdelle sukselle, tulee virheitä, valmentajan ääni oli rauhallinen, mutta itseäni harmitti. Sitten hän puhui vielä yksittäisistä tekijöistä kuten ryhtilinjan säilyttämisestä ja sen kallistamisesta eteenpäin.

– Edellä mainitut asiat ovat ratkaisevia asioita ja ne tekevät hiihdosta helppoa, valmentaja vakuutti ja jatkoi

– Lantio liikkuu perinteisessä hiihdossa mahdollisimman ylhäällä, vapaassa hiihdossa täyttyy osata ja uskaltaa mennä riittävän alas, varsinkin kun mennään jyrkkään ylämäkeen.

Jossain vaiheessa olimme käyneet wassun, mogrenin, kuokan ja ankan tekniikat lävitse. Ja nojasin väsyneenä sauvoihini.

– Kun opit oikean tekniikan vauhtisi paranee kuin itsestään. Se vain vaatii harjoittelua, valmentaja totesi.

Jos näette minut ladulla taitelemassa suksien kanssa milloin ilman sauvoja, milloin yhdellä suksella mäkeä laskemassa, tai hiihtämässä "sammakkoa", en ole seonnut. Tarkoitukseni on opetella hiihdon perustekniikoita, jotka jostain syystä ovat päässeet iän myötä rapistumaan. Huippuvalmentaja vakuutti, että oikean hiihtotekniikan kautta saan suksiini paremman vauhdin ja hiihtokin alkaa tuntumaan helpolta ja mukavalta.

Minulla on vielä yksi ongelma: mistä löytäisin Hyvinkäältä sen ladun?

Hiihto on kansalaistaito

En ollut uskoa korviani kun eräs voimistelunopettaja kertoi minulle, kuinka hän oli esittänyt ysiluokkalaisille liikuntatunnille hiihtoa. Ei siinä esityksessä mitään outoa ollut, vaan siinä oli, että hänen mukaansa osa lapsista oli uhannut jopa koulun vaihdolla, jos hiihtoa olisi ohjelmassa.

On aikoihin eletty, kun hiihto ei kiinnosta nuoria. Ajat ovat siitä paljon muuttuneet, kun itse olin nuori. Hiihto, vaikka silloin ei ollut kynttilällä voidellut puusukset, kuului jokaisen nuoren päivittäiseen talviliikuntaan. Joskus myös muutaman kilometrin koulumatka kulki hiihtäen.

Lähiseudun hiihtoharrastuksen määrää ja kuvaa Vantaalla hiihdetty Suomen cupin hiihtokilpailu. Miesten hiihtojoukkueita ei kisaan pääkaupunkiseudulta löytynyt kuin Vantaalta ja Espoosta. Missä olivat esimerkiksi Helsingin, Keravan, Järvenpään, Nurmijärven ja Hyvinkään hiihtäjät?

Kun kolmea hiihtäjää ei viestijoukkueeseen löydy, on tilanne huolestuttava. on turha piiloutua muutamien vähälumisempien talvien taakse, sillä joka talvi on pystytty hiihtämään myös Etelä-Suomessa.

Maastohiihto on Suomessa valtakunnallisesti kärkipäässä harrastettujen liikuntamuotojen joukossa aikuisväestön keskuudessa. Jotain olisi tehtävä, jotta se alkaisi kiinnostaa myös nuoria. On muistettava, ettei hiihtoharrastus ole pelkkää kilpailua, vaan se on mukavaa luonnossa liikkumista jossa aerobinen kunto kasvaa. Se käy hyvin peruskuntoharjoitteeksi mihin tahansa urheilulajiin. Esimerkiksi Hyvinkäällä on mainiot ladut monen kodin ja koulun välittömässä läheisyydessä, mutta miksi nuoria ei ladulla näy? Vika toisinaan on lasten vanhemmissa, jotka eivät osaa, viitsi tai muuten välitä viedä lapsiaan ladulle. Ehkäpä se ei ole trendikästä, koska hiihto – kun varusteet on hankittu – ei maksa juuri mitään. Tai onko vika siinä, että vanhemmat eivät vaivaudu opettelemaan suksien voitelua? Tuskin sekään riittää selitykseksi, sillä nykyisin on saatavissa suksia joiden voitelusta ei tarvitse murehtia. Onko niin, etteivät vanhemmat enää vain opasta lapsiaan ladulle?

Entä mikä sitten on lopulta vähäisen koululiikunnan osuus tässä hiihtokysymyksessä?

Vuosia sitten järjestettiin kansanhiihtoja. Niihin pyrittiin saamaan koko maasta mahdollisimman paljon osanottajia. Joinain vuosina osanottajamäärät ylsivät yli miljoonan ja nuoriakin oli mukana satojatuhansia.

Eikö nyt, kun kaupunkien liikuntatoimet pitävät ladut päivittäin suhteellisen hyvässä kunnossa, olisi syytä herättää henkiin kunnon kansanhiihdot?

Kuten 1950-luvulla pidettiin läänien ja kuntien väillä kilpailu, voisi alkuun alkaa vaikka siitä, että Hyvinkää haastaisi Riihimäen hiihtosuorituksista kilpailemaan. Järjestäjinä olisivat koulut, urheiluseurat ja kaupunkien liikuntatoimet.

Kesämölkkyä

Jännitys oli käsin kosketeltavissa. Oli alkamassa kesän kovin koitos, kisa josta puhuttaisiin saunan lauteilla jälleen seuraavat kuukaudet. Mäen porukka oli hävinnyt kahtena edellisenä vuotena meidän joukkueelle. Sää oli epävakainen ja taivaalla riippui mustia pilviä. Silti ilman täytti suuren urheilujuhlan tuntu.

Mökkikylämme kisatapahtumilla on vuosien perinteet. Ennen kesään kuuluivat lentopallo-ottelut ja "kesäolympilaisten" lajivalikoima sisälsi jopa juoksukilpailut. Vuosien varrella, ja porukan ikääntymisen myötä, vauhti ja vaaralliset tilanteet olivat vähentyneet ja jäljelle olivat jääneet lajit, joihin kaikki ikään ja sukupuoleen katsomatta, voivat osallistua.

Oli havaittu, että Mölkky sopii kaiken ikäisille ja -kuntoisille.

Joukkueemme nimeltään Pelto muodostui niin miehistä kuin naisista, ja ikähaitarikin ylsi vaarista aina lastenlapseen. Samanlaiselta näytti myös Mäen porukka.

Koska oli keskikesän juhla, oli havaittavissa, että varsinkin Mäen porukalla oli dopingiin viittaavaa taikajuomaa käytössä. Se ei kuitenkaan vielä tässä lajissa ole kiellettyä, eikä antidopingtoimikunnan tarkastajiakaan näkynyt paikalla.

Peli alkoi meidän joukkueen avausheitolla kohden luvuilla 1 – 12 numeroituja puisia "keiloja", joita mukavasti neljä kaatuikin, ja saimme kaatuneiden keilojen lukumäärän mukaiset pisteet. Vaikka alku oli joukkueellemme mainio, ei loppu ollut hyvä. Mäen joukkue kiri ja vei lopulta ensimmäisen pelin. Toinen peli oli selvästi meidän, ja lähitienoon täytti riemukas huutomme. Kolmannen ja ratkaisevan pelin Mäki vei niukasti, vaikka joukkueemme nuorin, neljävuotias Taika kaatoi keilan, josta joukkueemme sai kaksitoista pistettä.

Kun Mäen voittohuuto oli raikunut, me päät painuksissa, kuin Suomen pikkuhuuhkajat Espanja pelin jälkeen, poistuimme kentältä.

Mölkky muistuttaa idealtaan ja välineiltään karjalaisten vuosisatoja vanhaa kyykkää. Se on todella mukava kesänmökkien ajanviete, jossa porukan iloinen yhdessäolo korostuu. Mölkyssä tarvitaan sopivassa suhteessa sekä taitoa että onnea, jota sivumennen sanoen Mäen joukkueella oli liiankin kanssa. Pelissä jokainen oppii onnistumisen, epäonnistumisen ja häviön tunteet.

Viime vuosina myös mölkky on saanut vakavampiakin piirteitä, sillä siinä on vuodesta 1997 kilpailtu Suomen mestaruuksista, lisäksi vuodesta 2004 alkaen SM-kisat ovat olleet myös MM-kilpailut. Tämän vuoden syksyllä kaavailussa on perustaa myös kansainvälinen mölkkyliitto. Sen jälkeen tavoitteena on varmaan saada mölkky olympialajiksi.

Ehkäpä siihen Suomen olympiakomitean tulisikin panostaa, sillä silloin voisivat suomalaiset päästä vielä mitaleille olympialaisissa.

Mutta sitä ennen, ensi vuonna Pelto kohtaa jälleen Mäen, ja kumpi silloin voittaa onkin toinen juttu.

Rattijuoppojen aika?

Maanantaiaamu oli synkän harmaa. Sateen uhka oli ilmassa. Avasin Aamupostin ja selailin sitä tapani mukaan ajatuksissani. Säätieteilijät arvelivat, että päivästä tulisi synkkä. Eivätkä he olleet väärässä.

Lehden viidennen sivun kahdella ensimmäisellä palstalla kerrottiin, kuinka rattijuoppo suisti autonsa ojaan. Auto oli kulkenut 75 metriä ojan pohjalla kunnes se törmäsi betoniseen putkirumpuun. Kuljettaja puhallutettiin, ja mittari näytti 1,4 promillen humalatilaa.

Kysymyksessä oli vain pieni uutinen. Lyhyen jutun otsikko oli taitettu kahdelle palstalle. Eihän tapahtumassa ollut romuttunut kuin kuljettajan auto. Kukaan ei ollut kuollut tai edes loukkaantunut. Kuljettajakin selitti ojaanajon syyksi, että oli puhunut puhelimeensa.

Samalla sivulla oli pienempi uutinen törkeästä rattijuopumuksesta parkkipaikalla. Jälleen joku oli autoillut humalatilassa. Eikä siinä vielä kaikki, kuten TV-mainoksessa sanotaan. Lehden seuraavalla sivulla rattijuoppouutiset jatkuivat: "Mies kärähti ratista ".

Edellä mainitut kolme uutista oli kirjoitettu lyhyesti, kuten muissakin lehdissä, uutisen muotoon. Niissä toimittaja ei siis ottanut kantaa tapahtuneeseen, hän totesi vain kylmät tosiasiat. Hän ei kirjoittanut, että Suomen liikenneonnettomuuksissa kuolleista noin 20 prosenttia saa surmansa rattijuopumusonnettomuuksissa. Näissä kuolee vuosittain noin 80 ja loukkaantuu lähes 1000 henkeä.

Kun veren alkoholipitoisuus on yli 0,5 promillea, onnettomuusriski kasvaa voimakkaasti ja 1,6 promillen rajan ylittyessä kuljettajan onnettomuuteen joutumisen todennäköisyys on noussut jo 40-kertaiseksi selvään kuljettajaan verrattuna.

Rattijuopoista yli 60 prosenttia on alkoholin suurkuluttajia. Vaikka valistuskampanjat eivät kaikkiin pure, niillä on tärkeä ennalta ehkäisevä merkitys yleiseen asennoitumiseen. Niillä on jo saavutettu myönteistä vaikutusta varsinkin nuorten asenteisiin.

Tiedetään, että suuri osa rattijuopumusonnettomuuksista sattuu viikonloppuisin ja yön tunteina ja alkusyksystä.

Jotain siis pitäisi tehdä. Onko kiinnijoutumisriski ainoa keino rattijuoppouden vähentämiseksi? Vuosittain poliisi puhalluttaa lähes kaksi miljoonaa kuljettajaa. Kiinni jää noin 23 000 rattijuoppoa eli noin 60 rattijuoppoa päivässä. Yksistään Helsingissä jäi viime vuonna kiinni noin 2800 juovuksissa autoillutta kuljettajaa. On muistettava, että huomattava osa rattijuopoista kärähtää edelleen ajotapavirheiden, liikennevahinkojen ja liikennerikkomusten seurauksena.

Olisiko median uutisoinnilla mahdollista luoda oikeaa ilmapiiriä liikennekulttuuriin? Miltä näyttäisi otsikko: "Rattijuoppo vaaransi satojen ihmisten hengen Hyvinkäällä", tai "joka viikko rattijuoppo tappaa".

Laitoin lehden pois ja lähdin ulos sateiseen syysaamuun, ja toivoin, etten joutuisi rattijuopon yliajamaksi.

Olen kiellettyjen aineiden käyttäjä

Tunnustan kaiken mitään salaamatta ja juurikaan siihen omiani lisäämättä. Olen ollut doping-aineiden käyttäjä jo pitkään. Ja varmaa on, että tulen käyttämään niitä vielä jos katson sen edelleen olevan itselleni eduksi ja jos ne edes hetkellisesti parantavat oloani ja suorituskykyäni.

Varmaa myös on, että en kerro tätä juttua STT:lle, en radioille enkä poliisille saatikka Pauli Kiurulle, joka saattaisi sen kertoa julkisuuteen. Sillä en ole tehnyt mitään rikollista, en rikkonut lakia tai asetusta vastaan.

Lähdesuojaan viitaten en myöskään kerro tarkemmin, kuka oli se keravalaisen apteekin farmaseutti, joka möi minulle kielletyt aineeni. Jos totta puhun, en itse asiassa muista naisen nimeä. Hinta oli mielestäni tosin täysin kohtuuton, sillä tiedän, että Virosta samoja pillereitä ja mikstuuraa saa huomattavasti halvemmalla.

Menneiden vuosikymmenten aikana olen kuullut myös monia dopingiin liittyviä muiden kertomuksia. Viimeisin niistä on kun tapasin kolmisen viikkoa sitten erään ikämiesurheilijan. En voi paljastaa miehestä enempää. Tosin hän ei edes halunnut, että ottaisin asiaa mitenkään esille.

Mies kertoi saaneensa lääkäriltään pari anabolipiikkiä, joilla veriarvot kohosivat samassa suhteessa kunnon kanssa.

– Älä kerro kennelkään, että olen ainetta käyttänyt ja kertonut hormonikokeiluista, mies vannotti minua. Luvattuani olla kertomatta hän kertoi avoimesti niiden vaikutuksesta.

– Kyllä minulla muukin kohosi, kuin kunto. Muutaman ajan kuluttua vaimo otti yhteyttä lääkäriin ja ihmetteli, mikä minuun oli tullut kun olin niin kovasti muuttunut aktiiviseksi, mies kertoi nauraen.

Hetken juteltuamme mies mainitsi, että ainetta kyllä löytyisi myös minulle, jos vain tarvitsisin. Vastattuani hänelle, että käytän vain farmaseutilta ostamiani tuotteita, hän korosti ampulleja käytettävän yleisemmin kuin uskoinkaan.

– Usko pois, ainetta löytyy, jos tarvetta on, hän vakuutti.

Kerroin hänelle, että viime vuonna Suomessa tehtiin 1416 dopingtestiä, joista positiivisia tapauksia oli yhdeksän ja muutama on vielä kesken.

Myöhemmin mietin, että olisikohan pitänyt sittenkin ostaa muutama pullo, niin voisin päästä televisioon niitä näyttämään. Eipä niitä siellä niitä moni urheilutoimittaja ole esitellytkään, vaikka kaikilla on samanlaisia suhteita kuin minulla.

Jo 1970-luvula eräs helsinkiläinen juoksija kertoi minulle kuuluvansa kokeiluprojektiin, jossa oli mukana useita pääkaupunkiseudun urheilijoita. Tutkimusta veti tunnettu suomalainen hormonitutkija. Tutkimuksen aiheena oli hormonien ja harjoituksen vaikutus.

– Meille ei kerrota, milloin syömme ainetta ja milloin väliainetta, mutta kyllä sen huomaa kun "kuuri" on päällä, urheilija kertoi.

Jo vuosikymmenten takainen suomalainen valmennuskirjallisuus kertoo dopingaineista ja niiden vaikutuksista. Eli eivät nämä tiedot ole mitenkään uusia. Ainoa uusi asia on, että STT on lähtenyt penkomaan asioita, joista pitkään on vaiettu. Doping on ongelma meillä ja muualla ja varsinkin muualla, jossa siitä ei ole tehty niin dramaattista asiaa kuin Suomessa.

Niin mitä ovat ne kielletyt aineet, joita keravalaiselta farmaseutilta olen ostanut. Paljastan nyt, mitä kaikkea lääkekaapistani on löytynyt ja mitä tulen tarvittaessa käyttämään, vaikka en ikupäivänä pääsisi kilpailemaan mihinkään hölkkään: Coldrex-tabletit, kyypakkaus, Posivil-kapselit, Fortal C-200 ja joitakin muita urheilussa kiellettyjen lääkeaineiden listalla olevia tuotteita.

Mutta sitä en tajua, miksi en saisi urheilijana käyttää edellä mainittuja lääkkeitä, vaikka tavallinen kansalainen voi napostella niitä kaikessa rauhassa.

Huumeet dopingia suurempi uhka

Lahden MM-hiihtojen doping-sotku on saanut varsin suurta huomiota. Olisiko syytä samassa mitassa kiinnittää huomiota siihen, että kaikki huumausaineiden käyttöä kuvaavat mittarit ovat Suomessa nousseet viimeisen kymmenen vuoden aikana. Huumausainepoliittisen mietinnön (1997:10) mukaan huumausaineiden kokeilu ja käyttö ovat 1990-luvulla lisääntyneet ja yleistyneet maan eri osissa. Kyselytutkimukset, sosiaali- ja terveydenhuollon tilastot ja rikollistilastot viittaavat myös käytön ja haittojen kasvuun.

Myös poliisin tilastot kertovat karua kieltään: huumausainerikosilmoitusten määrä lukumäärä on nelikertaistunut, huumausainerikoksista epäiltyjen henkilöiden määrä on viisinkertaistunut ja huumausainetakavarikoiden määrä seitsenkertaistunut. Tullintakavarikkotilastot kertovat puolestaan, että rajojen avautuminen EU-maihin ja tullitarkastusten poistaminen näiden maiden kansalaisten osalta on lisännyt huumausaineiden salakuljetusta.

Kehityksen suunta näyttää olevan todella hälyttävä! Eteneekö suomalainen huumepolitiikka tuuliajolla? Onko kaikki mahdollinen tehty, ettei ongelma pahenisi? Tuskin!

Huumevasaisen keskustelun osalta on saatava käyntiin Lahden MM-hiihtojen doping-sotkujen suuruinen mediamyllytys, jotta poliitikkomme heräisivät tajuamaan, minkä suuruusluokan ongelmasta on kyse. Näin ministerit ja kansaedustajat voisivat ottaa ponnella kantaa huumekysymyksiin samalla lailla kuin muutaman hassun urheilijan sääntörikkomukseen. Tiedetään, että usealle eri ministeriölle kuuluu huumausaineiden ennaltaehkäisy. Näin ei ministeri Suvi Linden pääse yksin paistattelemaan median valokeilaan.

Suomessa eletään muuttuvassa ympäristössä. Huumetilannetta vaikeuttaa yhteiskunnan muutosten lisäksi työttömyys ja sosiaalisten tukiverkkojen heikkeneminen. Samoin lähialueidemme pahentunut huume- ja rikollistilanne asettavat suuria vaatimuksia Suomen huumevastaiselle toiminnalle. Myös näistä ongelmista ministerit voisivat tuoda mielipiteensä ja vaatia heti toimenpiteitä.

Hälyttävää on, että huumausaineiden kokeilua ja käyttöä koskevat väestökyselyt osittavat kokeilumäärien kaksinkertaistuneen 1990-luvulla, etenkin nuorten ja nuorten aikuisten osalta. On esitetty arvio jonka mukaan kokeilut olisivat lisääntyneet 10 % vuodessa koko 1990- luvun ajan.

Vuoden 1998 lopussa valmistui valtioneuvoston periaatepäätös kansalliseksi huumausainepolitikaksi. Päätöksen lähtökohtana oli, että huumausaineiden käytön ja niiden leviämisen ehkäisemiseksi tarvitaan laajoja yleisiä yhteiskuntapoliittisia toimia sekä erityisesti toimia kysynnän ja tarjonnan rajoittamiseksi.

Silti herää monia kysymyksiä: miksi kuitenkin tilastot rumenevat? Ovatko poliisi ja tulli saaneet riittävästi lisäresursseja ongelman hoitamiseen? Onko periaatepäätös jäänyt pölyttymään arkiston kätköihin?

Entä, missä on Suomen antihuumetoimikunta?

.....

Yksi ihmisen suurimmista löydöistä
ja mahtavimmista yllätyksistä on
keksiä se, että kykenee tekemään
sen, minkä pelkäsi mahdottomaksi.

Positiivari

143

SAUNASSA

Saunan lauteilla

Olen innokas saunoja, mutta julkisuudessa käydyt viimeaikaiset puheet saavat minut huolestumaan saunomisen terveellisyydestä. On käynyt nimittäin ilmi, että saunan lauteilla käytyjä keskusteluja eivät keskustelijat enää muista. Tai jos muistavat, muistikuvat voivat olla kovin erilaisia.

Vaikuttaako siis saunominen ihmisten muistia heikentävästi, vai mistä on kysymys?

Kansanterveyslaitoksen – tai mikä nykyisin sen instanssin nimi olikaan – tulisi välittömästi tutkia saunomisen vaikutus ihmisen muistiin. Olisi selvitettävä aiheuttaako kuumuus, savu tai saunan hämäryys muistin heikkenemistä. Entä, mikä osuus muistiin on saunajuomilla?

Saunassa minäkin olen kuullut jos jonkinlaisia juttuja; kuka on tehnyt mitäkin, kenen kanssa ja missä. Kaikkea niitä tarinoita en enää muista, ja jos muistaisin, en kertoisi. En tule myöskään selostamaan ainakaan halvalla sitä tarinaa, kun vuosia sitten löylyn oton lomassa tuomitsimme erään urheilijan kanssa yhteen ääneen dopingin käytön. Siinä tuomitsemissa sinänsä ei ole mitään ihmeellistä uutista. Mutta siitä en todellakaan hiisku, että myöhemmin kaverin jääkaapista juotavaa hakiessani näin siellä doping-ainetta.

Valitettavasti juttu on niin vanha, ettei se kiinnosta edes ketään rattijuopumuksesta tuomittua, saati iltapäivälehtiä. Tuskin edes pääsen kertomaan asiasta tv-lähetykseen.

Tarkemmin kun asiaa muistelen, en ole ihan varma, onko siitä tapahtumasta viisitoista vai parikymmentä vuotta, tai olimmeko sittenkään saunassa vai olohuoneessa. Ja itseasiassa, en ole varma oliko kyseessä edes kaverini.

Saunan lauteilla ihminen on alastomimmillaan. Monesti kahden kesken keskustelu syvällisiin aiheisiin, mutta usein joukossa juttelu on paljolti yleistä herjanheittoa, jossa leikkiä on toinen puoli, ellei ihan kaikki.

Saunassa on kohteliasta keskustella, paitsi joissain uimahallien saunoissa, joissa tulee olla tuppisuu kuin puhetaidottomalla. Yhden poikkeuksen tekee Lappeenrannan uimahallin sauna. Siellä puhe soljuu karjalaiseen tapaan niin, että satunnainen kulkijakin innostuu mukaan. Pohjanmaan saunoista minulla ei ole kokemusta.

Eräs saunakaverini pitää pipoa päässään. Sanoo suojelevansa päätään. Hän saattaakin muistaa useita asioita paremmin kuin minä ja moni muu.

Toiset saunojat puolestaan ottavat ennen saunaa muutaman "yömyssyn", jolla tunnetusti on puheripulia parantava vaikutus. Kun satun tällaiseen saunaporukkaan, tiedän heti, että jutut ovat mitä hervottomimpia. Ne ovat kuin aikanaan kuuluisassa helsinkiläisravintolassa, jossa istuivat maamme "parhaiten palkatut" rakennusmiehet jossa talot "rakennetiin" alta aikayksikön.

Näyttää myös vakavasti siltä, että minun olisi harkittava saunan lauteilla pidettäväksi saunamyssyä suojaamaan päätäni, jotta muistaisin, mitä on tullut puhuttua tai kirjotettua.

Miesten saunavuoro

Kun nousen lauteille, minusta tuntuu, että olen tullut jälleen oikeaan paikkaan. Saunan lämpö tulvahtaa vasten ihoani, kun löyly ohjautuu katosta selkääni.

Katson ympärilleni. Savun tummentamien hirsiseinien hämärässä istuu kymmenkunta miestä. Sauna ei mitenkään muistuta uimahallien steriileitä, kaakelipintaisia saunoja, joissa ihmiset istuvat tuppisuina, puhumatta sanaakaan keskenään.

— Tehkää tulijalle tilaa, sanoo joku lauteella istuvista.

Sauna on ollut paikallaan jo kymmeniä vuosia ja kesäviikonloppuisin siitä on muodostunut paikka jossa työhuolet unohtuvat ainakin osaksi aikaa.

Jotkut tosin väittävät, että monta konetta ja moottoria on sen lauteilla vuosien saatossa "korjattu". Pääasiassa puheet ovat kuitenkin niitä miesten puheita, milloin mistäkin ajankohtaisesta aiheesta, naisia unohtamatta. Joskus on jopa väitelty, saako vanhalla merkillä kalastaa siihen asti kun uusi on hankittu.

Onneksi saunan seinät eivät kaikkia kuulemiaan asioita pysty kertomaan, sillä niin monta peruskysymystä on siellä selvitetty.

Tunnen kuinka laude allani kuumottaa. Tässä istun vielä ainakin kolme minuuttia, ajattelen. Hien kastelemin silmin tihrustan miestä, jonka kädessä löylykauha tekee kiivaasti liikettä ja saattaa vettä kiukaalle.

– Täytyyköhän mennä lisäämän puita, kun on niin kylmä, alalauteelle istumaan tullut lyhyt, vanttera mies sanoo.

– Alhaalla ei ole puhevaltaa, tai vaikka olisi, sitä ei tarvitse noudattaa, löylynheittäjä korottaa ääntään.

Muiden myötäillessä hänen ajatustaan hän viskaa kauhallisen vettä kiukaalle. Näen, kuinka hänen selkäänsä pitkin hiki valuu norona.

– En sanoisi noin jyrkästi, pienikokoinen murahtaa ja on hetken mietteissään.

Aistin höyryn kuumuuden iholla ja yritän hymyillä. Se on turhaa, sillä tuskin saunan hämäryydessä sitä kukaan näkee.

Vieressäni mies painaa hartioitaan kyyryyn ja ikkunan vieressä hikoileva lyhyttukkainen kaveri liikehtii levottomasti. Onkohan hänellä kuuma, vai haluaisiko hän jo verannalle juomaan olutta?

Valitettavasti enää ei ole monessakaan paikassa yleisiä saunoja, joissa miehenköriläät pääsisivät saunomaan ja vaihtamaan ajatuksiaan. Niin se vain on, että uimahallien saunat eivät ole paikanneet tätä puutetta.

146

Samalla kun ikkunan vieressä istunut laskeutuu kohden ovea, mietin, kuinka onnellisessa asemassa minä saan olla, kun kuulun tähän porukkaan, jonka kesän viikoittaiset saunahetket antavat puhtaita hyviä ajatuksia seuraavalle viikolle.

Vaikka sauna kuuluu suomalaiseen elämänmuotoon, niin varsin vähän saunomista löytyy kuvattuna kirjallisuudessa. Olisikohan syynä se, että sauna on paikka, jossa kuullut ja tapahtuneet asiat kuuluukin jättää sen seinien sisäpuolelle.

Timon savusauna

– Tuossa savusaunassa on syntynyt kahdeksan ihmistä, Timo sanoo hiukan ylpeyttä äänessään.

Sauna näyttää ulkopäin pieneltä harmaalta, muutama metri kanttiinsa olevalta, matalalta hirsirakennukselta. Rakennuksen toisella sivulla on pieni ikkuna. Siitä näkee, kuinka sisällä kiuaskivikasan alla tuli loimuaa. Ikkunan vieressä on matala ovi, josta sisälle mentäessä on lyhemmänkin miehen kumarruttava. Ylhäällä rakennuksen päädyssä on pieni luukku – räppänä- josta savu leijuu ulos. Timo kertoo, ettei saunan tarkkaa valmistumishetkeä tunneta.

– Perimätiedon mukaan se valmistui joskus vuosisatamme alussa paikalla asustaneen maanviljelijäperheen käyttöön.

Olemme Pohjois-Karjalassa Timon kesäpaikassa. Paikka sijaitsee maaseutukylässä joka yrittää säilyttää maaseudun elinvoimaisuuden. Keravalainen Timo kertoo, kuinka Ruotsiin kauan aikaa sitten muuttaneen perheen nykyisin jo iäkkäät lapset kävivät pari vuotta sitten katsomassa synnyinsaunaansa.

Vaikka heinäkuinen tihkusade kastelee meidät, seisomme ulkona ja katsomme kuinka savu tupruaa savusaunan räppänästä ja hirsien välistä. Vilkaisen ihailevasti viisikymppistä Timoa hänen kertoessaan saunan historiaa.

– Vuosien vaella olen joutunut uusimaan saunan pärekaton muutamaan otteeseen ja saunan kivet olen vaihtanut.

147

Timo toteaa, että koivu on hyvä savusaunan lämmitykseen.

– Lämmityksessä ei voi käyttää palovaaran takia havupuita. Ne kipinöivät liikaa.

Pahoittelen sitä, kuinka monet nykyajan ihmiset purkavat ja poistavat kaikki vanhan.

– He eivät näe, kuinka perinteitä tulee vaalia. On harmillista, että nykyihmisillä kaikki täytyy tapahtua vain napin painalluksella. Heillä ei ole aikaa edes kesälomalla pysähtyä saunan lämmitykseen muutamaksi tunniksi.

Reilu kolme tuntia on kulunut. Tuli on kiven alla sammunut ja häkälöylyt on lyöty. Kumarrun pienestä ovesta jännittyneenä sisälle hämärään saunaan. Tunnen lämmön ja savun hajun mietona, mutta se ei haittaa. Huomaan kuinka savu on kymmenien vuosien aikana noennut seinät mustiksi. Ihmettelen kuinka aikanaan suomalaiset ovat voineet asua savupirteissä ja syntyä saunoissa.

Varon seiniä, etten nokeaisi itseäni. Timon ohjeen mukaan otan kauhaan tilkkasen vettä ja heitän kiukaalle. Kiuas sihahtaa ja miellyttävä löyly täyttää saunan.

– Vieläkin täällä saa mahtavat löylyt, Timo kehaisee. Olen hänen kanssaan samaa mieltä ja heitän uudestaan vettä kiukaalle.

Peseydyttyämme istumme hetkeksi ja kertaamme menneiden sukupolvien elämää. Totean, että elämä ilman sähköä on ollut varsin toisen laista.

– Tajuavatkohan nykynuoret sitä? Onneksi olet oivaltanut säilyttää meille kappaleen menneen ajan historiaa ja elämäntapaa, sanon kiittäessäni Timoa upeasta saunakokemuksesta.

OLYMPIAN "HURMAA"

Häviäjä ei ole se joka kärsii tappion vaan se joka antaa periksi. —
Paolo Coelho

Muuttuuko olympialiike?

Olympialaisten avajaisissa näkyvät sanat "citius, altius, fortius" (nopeammin, korkeammalle, voimakkaammin). Nämä sanat edustavat olympialaisia, mutta myös koko nykyistä länsimaista arvomaailmaa. Miten arvot otetaan vastaan vuonna 2008 Beijingissä, nähdään tulevaisuudessa.

Kansainvälisen olympiakomitean KOK:n uusi puheenjohtaja belgialainen Jacgues Rogge joutuu pohtimaan heti useita asioita. tuskin hän kuitenkaan ensimmäiseksi ehdottaa kisojen tunnukseksi sanoja: "enemmän, tuottavammin, keinoja kaitamatta". Noihin sanoihin saattaisi olla perusteluja, sillä huippu-urheilu, olympialiike sekä osa urheilijoista juoksevat suuren rahan perässä säännöistä välittämättä. Entä minkä perässä ja millä keinoin juoksevat kiinalaiset?

Antiikin Kreikassa Olympian lehdosta tuli aikanaan kreikkalaisen ylijumala Zeuksen palvontapaikka. Zeus oli, kuten raha nykyaikana, kodin, asuinpaikan, valtion suojelija sekä oikeuden ylläpitäjä. Sen kunniaksi järjestettiin joka neljäs vuosi Olympian kisat.

Nykyolympialaiset on tullut uudesta ylijumalastaan rahasta riippuvaiseksi sillä se missä kisat pidetään, kenelle kisojen televisiointioikeudet myönnetään ja kenelle parhaiten sopivaan television katseluaikaan kilpailut järjestetään, määräytyy sillä kuka eniten maksaa KOK:lle.

Jo nyt tiedetään varmuudella, että Ateenan kisoissa on yksi varma voittaja. Se on KOK. Siltä ainakin näyttää, kun seuraa sitä miljoonamäärää, jonka kansainvälinen olympiakomitea saa kisojen televisio- ja muista oikeuksista. Voidaan sana, että olympialaisten toiseksi voittajaksi on näin noussut rahan mahti.

Valitettavasti KOK alistui siihen, että urheilijoiden amatöörivaatimuksista ja ihanteista luovuttiin sekä kisat sallittiin ammattilaisille. Ehkäpä samalla myös reilun pelin kunnioitus unohtui. Tästä kertoo myös huippu-urheiluun liittyvä doping, josta olympiaurheilukaan ei ole voinut välttyä.

Varmasti KOK:n uusi puheenjohtaja Rogge joutuu miettimään, mikä on huippu-urheilun sekä olympialiikkeen tulevaisuus, missä on olympialiikkeen suuruuden rajat? Tuskin hän miettii, miten KOK:n saamat varat saataisiin parlamentaariseen kontrolliin tai miten tiedotettaisiin, mikä on kansainvälisen olympiakomitean koko varallisuus.

Zeus-jumalan kunniaksi pidetyt antiikin olympialaiset lopetettiin väärien jumalien palvontamenoina. Tulisiko nykyajan olympialaiset lopettaa uuden ylijumalan liian innokkaan palvonnan takia? Tuskin siihen suostuvat KOK:n puheenjohtaja, suuri raha taikka urheilua seuraava yleisö. Näin ollen olympialaisten loppuminen ei ole näkyvissä ainakaan vähään aikaan.

Taitaa olla myös toiveajattelua uskoa, että nyt olisi oikea aika siirtyä pienempimuotisiin kisoihin, joissa osa vanhoista arvoista palautettaisiin.

Kiven alla

Ylen radiokanavilla kuultava Arto Terosen ja Jukka Vuolteen toimittama sarja "Kiveen hakatut" on hieno ohjelma jossa käsitellään menneiden aikojen suomalaisia urheiluvaikuttajia ja olympiamitalisteja. Ohjelmassa käydään henkilöhistorioiden kautta suomalaisen urheilun huippuhetkiä ja tragedioita.

Tänä päivänä ovat suomalaiset olympiamitalit kiven alla. Tuskin radiosarjaa tulevaisuudessa tarvitaan – ei ole mistä kertoa. Miksi menestystä suomalaisille ei sitten tule? Kysymyksiä on monia: onko Suomessa jotakin viime vuosina tehty väärin, vai onko vain niin, että muualla maailmassa tehdään asioita paremmin. Entä, syödäänkö muualla maailmassa samanlaisia aamiaismuroja kuin Suomessa? Yksittäisen urheilijan menestys perustuu muutamaan perusasiaan. Urheilijan on omattava lahjakkuutta kyseiseen urheilulajiin. Hänen on oltava motivoitunut harjoittelemaan ja tulee saada oikeaa tietoa valmentautumisesta. Kolmas seikka on, että hänen on pysyttävä terveenä koko harjoituskauden. Tämän jälkeen vasta tulevat taloudelliset asiat.

Paljon hehkutetaan vapaaehtoisten seuratyöntekijöiden määrästä, silti talkoohenki maastamme on pitkälti kadonnut. Voidaan sanoa, että vanhan ajan talkoolaiset ovat jo sanan mukaisesti kiven alla.

Jotta löytyisi lahjakkaita urheilijoita, tarvitaan urheiluseuratoimintaa, jossa vetäjiä arvostetaan. Jotta tulevaisuudessa huippuja maahamme löytyy, mahdollisimman moni nuori on saatava varhain liikunnan piiriin. Mutta se ei kuitenkaan riitä. Nuorilla tulee olla halu liikkua myös muuten kuin ohjatuissaharjoituksissa. Peruskunto löytyy perusliikunnan kautta, jota on tultava muutama tunti päivässä.

Nyky-yleisurheilijoilla on varmasti taloudelliset asiat paremmin kuin 1970-luvun tai sitäkin aikaisemmin eläneillä urheilijoilla. Miksi tulokset eivät ole lähelläkään samaa luokkaa? Mikä on muuttunut neljässäkymmenessä vuodessa? Kaikkea ei voi laittaa tarkentuneen doping-kontrollin piikkiin.

Tulisiko maassamme sitten keskittyä vain sellaisiin lajeihin, jotka eivät vaadi peruskuntoa? kartoitettaisiin vain muutama laji johon kaikki resurssit laitettaisiin. Ajatus on huono tai hyvä riippuen siitä, mitä pidetään tärkeänä.

On turha väittää, ettei valkoihoisilla olisi mahdollisuuksia kestävyysjuoksussa afrikkalaisia vastaan. Tulihan Yhdysvaltain Galen Rupin 10 000 metrillä Lontoossa kakkosijalle ja Venäjän Mariya Savinovan voitti naisen 800 metrillä olympiakultaa.

Vielä eräs tärkeä kysymys, tarvitaanko suomalaisille välttämättä olympiamitaleja? Lontoossa seuratessani naisten maratonia oli hienoa nähdä myös maamme värit. Ei sillä ollut väliä, vaikka Leena Puotiniemi tuli joukon häntäpäässä. Hurrasimme kaikki hänelle, sillä tiesimme, että hän teki sen hetken parasta suoritustaan.

Kovia poikia

Jokin aikaa sitten Juha Väätäinen, tuo armoitetun kova jalkataitelija, sanoi kovia sanoja suomalaisesta kestävyysjuoksusta.

– Pojat eivät ole harjoitelleet riittävästi, Väätäinen jyrisi.

– Urheiluliiton tulisi tarkistaa systeemejä, hän vaati.

Juha oli tainnut unohtaa, että 1970-luvun "systeemit", joilla mahdollistettiin mahdollisimman kova harjoittelu, eivät ole enää mahdollisia.

Radion valpas toimitus keksi, että oli saatava Urheiluliiton puheenjohtaja Ilkka Kanerva ja Juha Väätäinen väittelemään samaan ohjelmaan kestävyysjuoksusta. Kanerva, joka monen muuntoimen ohella hoitaa myös työministerin virkaa, pisti poliitikon taidolla keskustelussa Väätäiselle "jauhot suuhun".

Väätäinen oli tosin päästä väittelyssä voitolle kun Kanerva erehtyi kysymään neuvoa, kuten hallituskin tekee jatkuvasti, mitä pitäisi tehdä huonon tilanteen korjaamiseksi.

Keskustelun kuluessa selvisi tyhmemmällekin, että Kanerva tietää kestävyysjuoksusta ainakin yhtä paljon kuin hallitus laman torjunnasta. Ja niin vain valmentaja Väätäinen jäi väittelyssä toiseksi.

Radion tulisikin seuraavaksi keskusteluttaa työministeri Kanervaa ja työtöntä rakennustyöläistä, vähemmän tärkeästä asiasta, suoalaisesta työttömyydestä. Ministeri varmaan voittaisi senkin väittelyn, on hän niin kova poika.

Kuten lehtikirjoituksista ja televisioista muistamme, Barcelonan olympialaisten kestäessä havaittiin, että etelän lämpö veltostutti suomalaiset urheilijat ja outo sairaus sai urheilijan vatsan hulivilituulelle. Suomen kovat miehet pehmenivät. Olympiakylässä suomalaisleirissä alkoi hätä tulla käteen.

Suomen liki neljäsataatuhatta työtöntä saivat katsella televisiosta, ihan päiväsaikaan, miten Barcelonassa jaettiin mitaleja, tosin harvoin suomalaisille.

Mietittiin, mistä löytyisi apu.

Urheiluliiton puheenjohtaja, työministeri Kanerva päätti uhrata lomansa ja lähteä olympia-areenalle kannustamaan suomalaisia yleisurheilijoita. Kotimaassa kun ei ollut erityisen vakavaa taloudellista tilannetta, niin myös muut ministerit ehtivät kiertämään samaan aikaan maatalousnäyttelyitä ja muita kissanristiäisiä.

Onneksi Kanerva ehti Barcelonaan ajoissa, muuten yleisurheilumme olisi saattanut jäädä ilman paljon kaipaamaansa mitalia.

Kyllä työttömän rinta kohosi, kun Suomen kovat keihäsmiehet menestyivät. Seppo Räty nousi palkintopallille, Kinnunen oli neljäs ja Laukkanen kuudes.

Oli hienoa olla suomalainen.

Selittelyn makua

Suomen olympiajoukkueen virallinen selittäjä istuu hotellihuoneessa. Hän miettii, miten selittää se, että joukkue jäi jo toisen kerran talviolympialaisten historiassa ilman kultamitalia. Myös kahdentoista mitalin tavoite jäi puolitiehen. Selittäjä repii otsalta harvenneita hiuksiaan.

– Tämä on kovempaa kuin viidenkympin hiihto, mies ajattelee.

Äkisti hän muistaa salkussaan olevan selittelyohjeen. Hän ottaa paperin ja kynän käteensä, mietti hetken ja kynä alkaa työstämään tekstiä paperille:

Hyvät huippu-urheilun ystävät, Lillehammerin joukkueen vaatimusten toteutuminen näytteli keskeistä osaa pohdittaessa sellaista valmennusta, joka vastaisi nykyhetken tarpeita. Niinpä nykyinen

153

valmennusorganisaatiorakenne täytti tärkeän tehtävän kun määriteltiin tavoitteita.

Selittäjä katsoo aikaansaannostaan. Tuumaa hetken, miten kääntäisi häviöt voitoiksi. Sitten hän jatkaa kirjoittamistaan:

Ei ole tarpeen ruveta todistelemaan laajalti mäkihyppääjien tämän hetken ongelmien merkitystä. Erilaisten tyylien jatkuva kehitys tekee vaikeaksi arvioida tulosten kohoamista maailmalla. Samoin valmennuksen ehtojen vahvistaminen ja kehittäminen olisi vaatinut ampumahiihdossa ja muissa lajeissa täsmällisyyttä ja päättäväisyyttä sekä valmennustason kohottamista.

Selittäjä katsoo jälleen tyytyväisenä paperiaan. Hän on ylpeä vuosien kokemuksestaan selitysten tekijänä. Hänelle on muodostunut oma salainen selitysten tekomalli.

– Kun pyydetään selityksiä, on niitä kehitettävä, vaikka olisivat kuinka älyttömiä, hän ajattelee.

Eräiden urheilijoiden kohdalta, laaja monipuolinen kokemus sekä luovien näkemysten huomioonotto velvoitti meitä varautumaan tulevaisuuden olympialaisiin. Myös valmentajien osaksi tuleva koulutuksen vaikutustaso ja kohdentuminen vaativat tulevaisuudessa täsmällisyyttä sekä erilaisia toimintamuotoja.

Joukkueen virallinen selittäjä laittaa paperin pöydälle ja jää hetkeksi miettimään, mitä on kirjoittanut.

– Teksti tuntuu hiukan vaikeaselkoiselta, mutta niin ovat nämä valmennuskysymykset saati tavoitteiden asettelut, hän ajattelee ja raapii jälleen päälakeaan. tukka ei ole samalla lailla otsalle suippeneva kuin valmentaja Immo Kuutsalla. Selittäjä miettii, mitä positiivista keksisi mäkimiehistä, ampumahiihtäjistä ja muista epäonnistujista.

Ei kuitenkaan sovi unohtaa, että valmennuksellisen asennekasvatuksen yleinen käynnistäminen tekee mielenkiintoiseksi yrityksen eritel-

lä tapahtunutta. Niinpä tästä kaikesta pysyvänä osoituksena oleva olympiakomitean toiminta velvoittaa meitä analysoimaan sitä.

Tyytyväisenä, että on vihdoin saanut urakkansa valmiiksi, hän ottaa paperin ja lähtee lehdistön tentattavaksi.

– Huomaakohan kukaan, että tässä on selityksen makua, hän miettii mennessään.

Impivaaralaisuutta

Kun halutaan antaa kuva suomalaisten eristyneisyydestä ja oman elintilan tärkeänä pitämisestä, sitä santaan julkisuudessa impivaaralaisuudeksi.

Monesti impivaaralaisuutta käytetään miettimättä tarkemmin, mitä Aleksis Kiven Seitsemän veljestä- romaanin Impivaara pitää sisällään. Ovatko kaikki Impivaara-sanan käyttäjät lukeneet koko kirjaa?

Mikä oli Impivaara? Oliko se paikka, jossa seitsemän itsepintaista nuorta miestä halusi elää omaa elämäänsä, vai oliko se paikka, johon he pakenivat, koska kokivat "vainoa"?

Totta on, että Impivaara sijaitsi metsän keskellä, mutta mitä vikaa metsän keskellä asumisessa on? Vai onko niin, että kaikki viisaus ja järki ovat yksinomaan kaupungeissa. Tuskin. En ole mitenkään varma siitä, että sitä järjen häiväkään on sen enempää Brysselissä kuin Washingtonissa, puhumattakaan Moskovassa.

Olivatko seitsemän veljestä sitten impivaaralaisuuden perikuvia? Jos niin oli, eikö silloin myös impivaaralaisuudessa löydy hyviä puolia? Kuten kirjan lukenut tietää, jokainen seitsemästä veljeksestä oli hyvin erilainen niin kooltaan, luonteeltaan ja jopa järjen käytöltään.

Eikö se ole hyvä asia, jos erilaiset ihmiset pystyvät toimimaan keskenään ja lopulta kehittymään yhteiskuntakelpoisiksi kansalaisiksi?

Mikä on sitten impivaaralaisuuden vastakohta? Se, johon impivaaralaisuuden parjaajat tähtäävät ja pitävät ihannoitavana tavoitteena. Voitaisiinko sitä sanoa ahneuden yhteiskunnaksi? Onko se maailma, jossa voitto ei ole tärkeintä vaan maksimaalinen taloudellinen voitto, johon pyritään keinoja kaihtamatta. Vai onko se kansainvälisyyttä, jossa omaa isänmaata ei ole olemassa? Siis sellainen maailma, jossa esi-isiemme ponnistuksilla ja uhrauksilla ei ole mitään merkitystä.

Nyt Suomessa laitetaan miljarditolkulla rahaa maihin ja pankkeihin, jotka ovat hoitaneet asiansa huonosti. Samaan aikaan joutuu osa suomalaisista keräämään roskalaatikoista tyhjiä pulloja ja tölkkejä, jotta saisivat rahaa. Sen olen nähnyt niin Hyvinkäällä kuin Helsingissä.

Miljardi on tuhat miljoonaa. Kuinkahan monta tyhjää tölkkiä ja pulloa tarvitaan sen summan keräämiseen roskalaatikosta.

Ehkäpä meidän sittenkin tulisi muistaa perinteemme ja olla hiukkasen enemmän impivaaralaisia, joilla oma suu olisi edes hiukan lähempänä kuin Brysselin ja Etelä-Euroopan pohjattoman kontin suu, ja muistaa myös vähempiosaisiamme.

Seitsemästä veljeksestä nuorin, Eero oivalsi: "Mistä löytyy se maa, se kallis maailman kulma, jossa Suomen kansa asuu, rakentelee ja taistelee ja jonka povessa lepäsivät isiemme luut?"

Olen samaa mieltä, että tämä maailman kolkka on meille suomalaisille tärkeä. Olkoon se sitten vaikka impivaaralaisuutta. Eikö ole hienoa, kun maamme siniristilippu nousee salkoon olympiavoiton merkiksi.

Toivottavasti näin tapahtuu Lontoossa.

Kisaturistina Lontoossa

Elokuun alku on Lontoossa pyhitetty olympialaisille. Se näkyy niin lento-, metro - kuin rautatieasemilla. Jokaisella niistä on kisajärjestäjien selvästi erottuvien liivein varustettuja vapaaehtoisia oppaita neuvomassa kisaturisteja.

Kaupungissa on hankaluus saada pääsylippuja olympialaisiin, mutta kaupungin eri nähtävyyksiin löytyy lippuja, vaikka kuinka paljon.

Kun kohtaan toisen suomalaisen, ensimmäinen kysymykseni kuuluu: Onko tietoa, mistä saisi pääsylippuja olympialaisiin? Kysymys on turha, sillä lippuja ei vain löydy. Tosin, joltakin kaverin tuttavalta löytyisi maahockeyn aamupäivän kisaan yksi lippu, mutta laji ei kiinnosta. Minun on tyytyminen seuraamaan ilmaisia lajeja, kuten triathlon ja maratonjuoksu.

Lontoon sää on yhtä harmaa kuin suomalaisen olympiaturistin mieli. Olympiamitaleja ei ole paljon suomalaisurheilijoille tullut, eikä innostukseni ole samaa luokkaa kuin brittiläisillä joiden lauantai on mahtava: kolme kultamitalia tunnin sisällä. Muistelen haikeana vuoden 1972 olympialaisia, jolloin Pekka Vasala ja Lasse Viren voittivat olympiakultaa samana päivänä.

Minua harmittaa, sillä joudun katsomaan Hyde Parkissa pidettävä naisten olympiatriathlonkisaa kaukaa ihmismuurin takaa, vaikka olen kävellyt paikalle puoli tuntia ennen kilpailun alkua. Tunnelma on mahtava. En ihan tarkkaan tiedä, miten kisa etenee, mutta aina kun brittiurheilija ohittaa yleisön, meteli on korvia huumaava.

Brittejä ei haittaa vaikka sunnuntaina aamupäivän sade yltyy. Sateesta huolimatta he valtaavat sankoin joukoin naisten maratonjuoksun tien varret.

Nostan Suomen lipun hiukan korkeammalle, reppuni yläpuolelle. Se on ainoa siniristilippu siinä satojen brittilippujen joukossa.

Sade kastelee takkini ja vesi valuu pitkin niskaani. Yritän saada paikkaa tienviertä rajaavan aidan vierestä, jotta näkisin paremmin. Vaikka juoksun lähtöön on vielä muutama minuutti, vieressäni seisova nainen tönäisee ja katsoo tuima ilme kasvoillaan: "Olen tullut tunti sitten tähän", hänen äänensä on vihainen. Nainen antaa ymmärtää, että paikka on hänen ja minun ei auta kuin lähteä etsimään toista paikkaa. Onneksi jonkinlainen paikka löytyy läheltä aitaa ja näen, kuinka Suomen ainoa edustaja Leena Puotiniemi juoksee omaa juoksuaan. Sade loppuu samoihin aikoihin kuin naisten maraton. Otan pöydän Thamesin rantaan ankkuroidusta ravintolalaivasta ja tilaan kahvin. Muutaman sadan metrin päässä, Englannin symbolin, Big Benin viisarit näyttävät kelon olevan viisitoista. On aika miettiä, mitä muuta tekisin. Joen toisella puolella Millenium-maailmanpyörän korit nousevat korkeimmillaan 135 metrin korkeuteen.

Korkeat paikat eivät minua kiinnosta, joten suuntaan kulkuni metrolla kohden South Kensingtonin asemaa, jonka lähellä sijaitsee vuonna 1857 perustettu Science Museum. Museo on suuri ja siellä aika kuluu joutuin, eikä kukaan ole minua tönimässä sivuun. Näen ilmailun alkuajan historian Stephensonin tekemän ensimmäisen höyryveturin Rocetin. Paljon jää vielä näkemättä. Kaikkeen ei yhden viikonlopun aikana ehdi millään tutustua, joten seuraavalle Lontoon matkalleni jää onneksi vielä katsottavaa, mutta tuskin silloin olympialaiset vievät aikani.

Penkkiurheilijan maraton on ohi

Siitä on kulunut viikko, kun kuudentoista päivän maratonkisaurakkani päättyi. Se urakka otti koville, mutta kestin sen kuin suomalainen urheiluhullu vain voi. Sisulla! Alku oli helppoa. Olympialaisten avajaiset menivät kuin siivillä. En käynyt jääkaapilla kuin kolmesti tai neljästi, sillä urheilussa on tärkeää, että energiaa riittää koko suorituksen ajaksi. Olohuoneen pöydälle varasin tarvittavan määrän naposteltavaa. Kun sitten ilotulitus päätti avajaiset, olin väsynyt ja sänkyni kutsui, ja energiavarastoni olivat vielä täynnä.

Alkuun oli urheilulajeja, jotka eivät minua kiinnostaneet, mutta seurasin niitä automaattisesti. Maanantaina, kisojen kolmantena päivänä, hämmästykseni meni kummastuksen suuhun, vain miten se nyt oli. Trap-ampuja Satu Mäkelä-Nummelan kultamitali ei unohdu. Ja ilmakivääriampuja Henri Häkkisen pronssi jäi jotenkin varjoon. Vaikka olen urheiluhullu, minun täytyi moneen kertaan kysyä, keitä Mäkelä-Nummela ja Häkkinen ovat. Eikä siinä vielä kaikki, kuten mainoskanavalla sanotaan. Naisten soudun pariairokaksikon finaalia seurasin silmät ja korvat tarkkana. Ja kuinka ollakaan, Sanna Sténin ja Minna Niemisen hopeaesitys toi Suomen soudulle ensimmäinen olympiamitalin sitten Pertti Karppisen kullan. Ja jälleen oli pakko kysyä, keitä naismitalistimme ovatkaan?

Jonain päivänä oli pakko jälleen mennä jääkapille, sillä tarvitsin tankkausta. En väitä, että siihen olisi ollut syynä jenkkiuimari Michael Phelpsin kahdeksas olympiakulta. Ehkä vain halusin yhtä vahvat leukaperät kuin Phelpsillä. Kun ahdoin makkaraa suuhuni, mietin, mitähän eväitä Phelps nauttii ravinnokseen. Tuskin hän on nauttinut kuitenkaan suomalaista lenkkimakkaraa. Entä, minkälainen ruokavalio on Jamaikan pikajuoksijalla Usain Bolt'illa. Kolme olympiavoittoa ja yhtä monta maailman ennätystä eivät pelkkää kaurapuun syömäl-

159

lä tule. Tuskin hän kuitenkaan juo samanlaista maitoa, kuten aikanaan entinen pikajuoksija Ben Johnson.

Jossain vaiheessa alkoi minua painaa kisaväsymys, enkä harmikseni herännyt aamuyöstä katsomaan kilpakävelijöidemme Antti Kempaksen ja Jarkko Kinnusen upeaa kävelyä. Lauantaihin varauduin kunnolla, sillä silloin heitettiin miesten keihäsfinaali. Finaalista odotin paljon, mutta valitettavasti petyin. Tero Pitkämäki sijoittui parhaana olympiapronssille, Tero Järvenpää ja Teemu Wirkkala sijoille neljä ja viisi. Keihäskisan voiton vei jälleen Norjan Andreas Thorkildsen, ja yllätyshopean suomalaisten nenän edestä Latvian Ainars Kovals. Ei lohduttanut, että Pitkämäen pronssimitali oli Suomelle ensimmäinen keihään olympiamitali 12 vuoteen

Lauantain ja sunnuntain välisenä yönä keräsin viimeisetkin voiman rippeeni ja riittävästi eväitä olohuoneen pöydälle. Oli kisojen päätöspäivänä ja miesten maratonjuoksuun osallistuivat Janne Holmén ja Francis Kirwa. Maratonista muodostui huikea. Kultaan juoksi Kenian Samuel Wanjirulle. Suomalaiskaksikko juoksi nousujohteisesti ja olivat stadionilla lähes yhtä aikaa. Kirwa oli 17. ja Holmén 19. Miehet olivat maalissa väsyneinä ja minä makasin uupuneena olohuoneen sohvalla.

Olympiatuli on tällä erää sammunut. Kiinan 100 mitalia, joista 51 kultaista ei jäänyt minulta huomaamatta.

Ja painoni on..., no jääköön se kuitenkin kertomatta, sillä tein parhaani ja katsoin, mihin se riittää.

Politiikkaa urheilun ympyröissä

Julkisuudessa on keskusteltu Valko-Venäjälle myönnettyjen vuoden 2014 jääkiekon MM-kisojen siirtämisestä jonkin toisen maan järjestettäväksi.

Politiikkaa on ennenkin pelattu urheilussa.

Ministeri Paavo Arhinmäki ei ollut syntynyt, kun jääkiekon vuoden 1969 MM-kisat siirrettiin Tšekkoslovakian Prahasta Tukholmaan. Tämä johtui siitä, että vuonna 1968 Varsovan liiton maat Neuvostoliiton johdolla miehittivät Tšekkoslovakian. Politiikka on vaikuttanut myös monesti suomalaisiin olympiavalintoihin. Hannes Kolehmainen voitti Tukholman olympialaisissa vuonna 1912 kultaa. Suomalaiset työläislehdet nostivat työläisurheilijana pidetyn Kolehmaisen nuorison esikuvaksi. Politikka korostui kun porvarilliset piirit alkoivat häivyttää Kolehmaisen työläisyyttä.

Myös vuoden 1920 Antwerpenin olympialaisten urheiluvalinnoissa näkyivät Suomen vuoden 1918 sisällissodan jäljet. Työväestö järkyttyi, kun Kolehmainen laittoi urheilumenestyksen työväenaatteen edelle, osallistui TUL:n boikotoimiin kisoihin SVUL:n seuraan kuuluvana ja voitti Antwerpenin maratonin. Hänestä tuli valkoiselle Suomelle sankari, mutta työväestölle petturi.

Suomalaista poliittista valintapolitiikkaa kuvaavat hyvin myös Rooman olympialaisten valinnat: nyrkkeilijä Olli Mäki voitti vuoden 1959 EM-kisoissa kevyen sarjan mestaruuden. Häntä pidettiin ennakkoon vahvana mitalisuosikkina vuoden 1960 olympialaisissa, mutta poliittisista syistä TUL:oon kuulunutta seuraa edustanutta Mäkeä ei valittu olympialaisiin.

Moskovan olympialaisia boikotoivat Yhdysvaltain johdolla useat maat. Syynä oli Neuvostoliiton osallistumien Afganistanin sisällissotaan. Kun vuoden 1984 kesäolympialaiset järjestettiin Los Angelesissa, kisoja puolestaan boikotoivat Neuvostoliiton johdolla monet maat vedoten isäntämaan Yhdysvaltain heikkoon turvallisuustilanteeseen.

Niin Moskovassa kuin Yhdysvalloissa nähtiin suomalaisurheilijoita. Toisaalta nämä boikotit mahdollistivat suomalaismenestystä. Suomi pelasi jopa olympiajalkapalloa vuoden 1980 olympialaisissa.

Pekingin olympiaisännyyden yhteydessä kritisoitiin muiden muassa ympäristövaikutuksia, Kiinan ihmisoikeuksia ja sananvapautta. Mutta ovatko mitkään asiat Kiinassa muuttuneet?

On selvää, että isot kansainväliset tapahtumat mahdollistavat politikoinnin, mutta kärsivätkö siinä aika urheilijat, jotka ovat harjoitelleet kisoihin vuosikausia?

Berliinin vuoden 1936 olympiakisojen avajaisseremoniasta muodostui natsi-Saksan suuri pr-juhla. Sama järjestäjämaan pr-arvon nosto on myös olemassa jokaisen suuren kisan osalta. Samoin vaarana on kisoissa tehdyt terrori-iskut.

Kesän Lontoon olympialaisten järjestäjät ovat varautuneet mahdollisiin terrori-iskuihin, muistaen vuoden 1972 Münchenin olympiakisojen verilöylyn. Silloin palestiinalaisterroristit ottivat 11 israelilaista olympiaedustajaa panttivangiksi. epäonnistunut vapautusyritys johti viiden terroristin, yhden poliisin ja lähes kaikkien panttivankien kuolemaan.

TAKAAKO RAHA MENESTYKSEN UHEILUSSA?

Voittajat eivät koskaan luovuta,
eivätkä luovuttajat koskaan voita.
— Vince Lombardi

Mistä rahat liikunnalle ja urheilulle

Urheiluun ja liikuntaan tulevia rahoja ollaan pienentämässä ja seurojen salimaksuja korottamassa. Samalla heikennetään nuorten liikuntamahdollisuuksia ja sitä myöten suomalaisten menestymistä kansainvälisillä kilpakentillä.

Jostakin kumman syystä päättäjät eivät ole myös menneiden vuosien aikana ymmärtäneet liikunnan tärkeää merkitystä niin kansanterveyden kuin nuorisotoiminnan kannalta.

Veikkaustoiminta maassamme käynnistyi 70 vuotta sitten, kun SVUL, TUL ja Suomen Palloliitto perustivat Osakeyhtiö Oy Tippaustoimisto Aktiebolag:n. Veikkaustoiminnan aloittamisen taustalla olivat silloinkin valtion budjetissa olleet urheilun rahoitusongelmat.

Veikkaaminen oli tuolloin vielä Suomessa kiellettyä. Yllättävän nopeasti saatiin aikaan asetus vedonlyönnistä urheilukilpailujen yhteydessä. Asetuksessa veikkausvarat määrättiin jaettavaksi urheilulle ja liikuntakasvatustyölle sekä opetusministeriö valtuutettiin suorittamaan rahanjako. Ehkäpä lain nopeaa käsittelyä vauhditti se, että urheilujärjestöt lupautuivat vastavuoroisesti luopumaan valtionavusta.

Alkuvuosina veikkaustoiminnalla saadut varat jaettiin kokonaan urheilulle ja liikuntakasvatustyölle. Kun urheilujärjestöt olivat, alun vaikeuksien jälkeen, saaneet toiminnan tuottavaksi, valtiovalta päätti asetusta muuttamalla jakaa tuoton toisin.

Syyskuussa 1953 veikkausvoittovarojen jakoperusteita muutettiin siten, että myös taide, nuorisokasvatustyö ja tiede tulivat edunsaajiksi. Urheilun osuudeksi määrättiin 70 prosenttia, mutta jo 1956 se pudotettiin 60 prosenttiin. Ja vuosien myötä urheilun osuus pieneni entisestään. Vuonna 1975 urheilujärjestöt olivat totisen paikan edessä. Ne myivät Veikkausyhtiön Suomen valtiolle. Tähän oli eräinä syinä voittojen jakosuhteen jatkuva muuttuminen urheilulle epäedulliseksi, sekä sillä hetkellä osakkeiden myynnistä saatu raha. nykyisen lainsäädännön mukaan liikunta saa 25 prosenttia voittovaroista. Vuonna 2009 urheilu sai noin 124 miljoonaa.

Maamme urheilu- ja liikuntajärjestöt ovat vuosikaudet taistelleet toimintansa rahoittamisesta. Se ei ole vähäistä, mitä ennen kaikkea urheiluseurojen kautta on tehty (ja toivottavasti tullaan edelleen tekemään) suomalaisen liikunnan eteen.

Nyt tulisi esimerkiksi veikkausvoittovaroja kohdentaa toisin: karsia rahoja sellaisista kohteista, joissa urheilu on ammattimaista. Yhteiskunnan rahaa ei tulisi myöskään käyttää sellaisiin rakennushankkeisiin, jotka ovat tarkoitettu ammattimaiseen urheilun harrastamiseen ja jossa urheilutoimintaa pyörittää taloudellista voittoa tavoitteleva yhtiö. Eikä myöskään sellaiseen toimintaan, jossa urheilijat tienaavat enemmän kuin keskivertokansalainen.

Olisi korkea aika kohdentaa varat urheiluseuratoimintaan ja sitä kautta ennen kaikkea perustoiminnan tukemiseen niin, että yhä useampi nuori, aikuinen ja eläkeläinen voisi liikuntaa harrastaa.

Rahat ja urheilu

Rahan merkitys urheilussa on viime vuosina korostuneesti noussut niin hyvässä kuin pahassa esille. Urheilusta ja varsinkin huippuurheilusta on viimeisten vuosikymmenten aikana tullut valtavaa liiketoimintaa ja siihen liittyy kovin arveluttavia piirteitä ja hämärämiehiä.

Onko sitten urheilu mahdollista ilman suuria rahasummia? Varmasti on. Lähtökohta huippu-urheilijaksi tulemiselle on ennen kaikkea urheilijan lahjakkuus lajiin ja halu pitkäjänteisesti harjoitella. monet menneiden vuosikymmenten tulokset tehtiin varsin pienin rahallisin tuin, mutta sinnikkäästi harjoitellen. Tulokset olivat jopa nykytasoa parempia. Myös urheilussa voidaan sanoa, ettei "ilmaisia lounaita" ole olemassa. Tämän ovat kokeneet suomalaiset jalkapalloseurat hyvin karvaasti. Viimeksi Suomen Palloliiton kurinpitovaliokunta tuomitsi TamU:n, kun se neuvotteli markkinointisopimuksen singaporelaisen Exclusive Sports PTE Ltd:n (ESP) kanssa. Neuvotteluista laadittiin sopimus, jonka perusteella TamU:lle suoritettiin vuodenvaihteessa liki 300 000 euroa. TamU:n taholta oli hämmästyttävää sinisilmäisyyttä tehdä sopimus yhtiön kanssa, joka oli aikaisemmin yhdistetty jalkapallon vedonlyöntivilppiin. Varmaankin huomattava summa rahaa sokaisi silmät. Ihmetystä herättää vielä se, että sopimuksessa luvattiin ESP:lle oikeus asettaa pelaajia TamU:n käyttöön.

Olisi luullut, että tamperelaisilla olisi ollut muistissa kuinka kesällä 2005 vantaalainen Allianssi siirtyi ulkomaalaisomistukseen. Seuran uudeksi omistajaksi tuli kiinalainen liikemies. Seuran uusi valmentaja laittoi uudet pelaajat kentälle Allianssin otteluun FC Honkaa vastaan. Ottelusta muodostuikin Allianssille murskatappio. Ottelun jälkeen heräsi epäily siitä, että Allianssi hävisi ottelun tahallaan. Olihan joku vedonlyöjä tehnyt rahaa ottelun tuloksella.

Näyttää siltä, ettei aina huippu-urheilun tarkoituksena ole kilpailun voitto vaan mahdollisimman suuri taloudellinen voitto. Tähän mahdollisimman suuren taloudellisen voiton tavoitteluun pyrkivät niin seurojen omistajat kuin monet huippu-urheilijat ja maksajina toimivat katsojat, sponsorit ja joissakin tapauksissa viime kädessä jopa veronmaksajat.

Kaukana on aika jolloin amatööriurheilu oli omaa "ruskeiden kirjekuorten" aikaa. Silloin urheilijoille maksetut palkkiot ja korvaukset annettiin salaa, ja summat olivat nykymittapuun mukaan mitattuna varsin pieniä.

Tarina kertoo, kuinka eräälle suomalaiselle olympiavoittajalle tarjottiin kilpailuun osallistumisesta viidesosa lipputuloista. Tämä matematiikan opiskelun vähemmälle jättänyt urheilusankari ei tyytynyt tähän vaan vaati enemmän:

– Se ei riitä, hän sanoi tuohtuneena. – Haluan ainakin kymmenesosan lipputuloista.

Tällä urheilijalla ei ollut takanaan manageria – kuten nykyisillä –, joka korvausta vastaan hoitaa urheilijan maksimaalista tienestiä.

Unelma maailmanmestarista

Televisiosta tuli ohjelma Taresta – ammattinyrkkeilijä Tarmo Uusivirrasta. Taren haaveena oli ammattinyrkkeilyn maailmanmestaruus. Sitä hän ei koskaan saavuttanut, mutta löysi väliaikaisesti vaikeuksien kautta elämälleen sisällön.

Ohjelma oli hieno kuvaus urheilijan toiveista, harjoituksista ja elämän pettymyksistä. Toivottavasti moni urheilijoiden epäonnistumisia parjaava näki ohjelman. Se auttoi ymmärtämään urheilijan ajatusmaailmaa, kunnianhimoa, näyttämisen halua ja pettymyksiä.

Samalla viikolla tapasin suomalaisen maailmanmestarin Pekka Vehkosen. Tämä hurjapää teki minuun vaikutuksen.

Jäin miettimään mikä hänessä oli erikoista. Mikä tekee joistain ihmisistä maailmanmestareita ja miksi toiset epäonnistuvat tavoitteessaan. Onko se vain onnesta kiinni?

Haastatellessani Vehkosta hän katsoi minua silmiin ja sanoi vakuuttavasti, että hänen suurin tavoitteensa on ollut voittaa maailmanmestaruus. Niin oli moni muukin minulle sanonut. Tapa jolla hän sen sanoi, tuntui varmalta. Muistin, että ensimmäisen maailmanmestaruutensa hän oli voitanut jo vuonna 1985.

– On uskottava itseensä. Lähden myös tähän kauteen tavoitteena maailmanmestaruus, hän sanoi.

Tiesin, että viime vuonna Vehkonen loukkaantui MM-kilpailuissa vakavasti. Hänelle tehtiin leikkaus, jonka jälkeen lääkärit määräsivät hänelle kipsin kolmeksi kuukaudeksi. Hänellä oli onnea. paraneminen edistyi hyvin.

Muistin lukeneeni eräästä kirjasta, että jos ihmisellä on unelmia ja tavoitteita niillä on tapana toteutua, mutta ilman unelmia eivät tavoitteet toteudu. Mestariski ei tulla kipsissä makoilemalla. Kovaa sisua osoittaen Vehkonen poistatti jo kahden kuukauden kuluttua kipsin ja alkoi kuntouttaa itseään. Hän kielsi itseltään ja muilta, että olisi urheilijana vain jäähdyttelijä.

– Aina kun menee radalle, tulisi miettiä, miten teen tämän vielä paremmin. Harjoitusten jälkeen tulee vielä suorittaa mielikuvaharjoittelua, psyykkistä valmentautumista.

– Minulla on monta kovaa ympärivuotista kilpailukautta takana. Se tietyllä tavalla ryydyttää, vie voimat. Tauot ovat paikallaan. Nyt olen kuin uudesti syntynyt. Kunto on tällä hetkellä sama kuin vuonna 1990, Vehkonen kertoi ennen lähtöään harjoitus- ja kilpailumatkalle Espanjaan.

Keskustellessamme hän useaan otteeseen korosti henkisten voimavarojen ja keskittymiskyvyn merkitystä. Sen puuttuminen suomalaisilta näytti häntä huolestuttavan.

Siinä se, henkinen yliote ja periksi antamattomuus, sitä tarvittaisiin nyt myös kaikkiin suomalaisiin ja talouselämäämme. Suomen tulisi kieltää niin itseltään kuin muilta, että Suomi ja suomalaiset ovat entisiä mestareita. "Kipsi" tulee poistaa ja tavoitteet asettaa korkealle kohti unelmaa "maailmanmestaruudesta".

Vähän onnea ja paljon kovaa työtä niin unelmasta tulee jonain päivänä totta.

LOPUKSI

Ota riski! Koko elämä on riskiä. Ihminen, joka menee pisimmälle, on usein se, joka uskaltaa tehdä ja kokeilla rajojaan. Varman päälle kulkeva vene ei koskaan pääse etäälle rannalta.

– Dale Carnegie

Tunnustan - olen syyllinen

Olen syntipukki, ja en voi muuta kuin tunnustaa kaikki suuret syntini. Pienemmistä synneistä tässä ei ole niin väliä. Samalla voin myös tunnustaa koko suuren ikäluokkani pahat teot.

Ensimmäinen syntini on kuulua juuri näihin suurin ikäluokkiin, jotka jäävät eläkkeelle lähivuosina. Nämä ikäluokathan ovat kaiken pahan alku ja juuri. Maamme talous tulee kaatumaan suuriin eläkemenoihimme. Eikö niin? Kaiken huipuksi, me suuret ikäluokat olemme niin ovelia, että elinajan odotuksemme on suurempi kuin aikaisemmilla sukupolvilla.

Kuulun siis siihen "ahneeseen rosvojoukkoon", joka loi suomalaisen hyvinvointivaltion, jossa lapsillemme luotiin paremmat koulutusmahdollisuudet, mitä omalla ikäluokallamme oli. Me omassa itsekkyydessämme kehitimme opintotukijärjestelmää, jotta lapsiemme ei tarvitsisi ottaa samanlaisia opintovelkoja kuin me aikanamme. Olimme jopa niin ahneita, että pyrimme huokean terveydenhuollon piiriin tavoittamaan kaikki vähäosaisemmatkin kansalaiset.

Samaan aikaan kehitettiin suomalaista eläkejärjestelmää, joka takasi eläkkeet omille vanhemmillemme. Eikä siinä vielä kaikki, kuten TV-mainoksessa sanotaan, koulutimme lapsemme, jotta heillä olisi paremmat lähtökohdat kuin meillä. Eikä heidän ei tarvinnut lähteä töihin niin nuorina kuin me aikanamme. Rakensimme moottoritiet, jotta lapsemme voivat tulevaisuudessa ajaa turvallisesti ja vauhdikkaasti paikasta toiseen.

Teimme ikämme töitä, mutta myös virheitä. Työskentelimme vuosikausia ja pitkiä työpäiviä, jotta saimme velkamme maksettua. Kukaties unohdimme lapsillemme opettaa jotakin siinä vaiheessa.

Nyt vallan kahvassa on lastemme sukupolvi, joka ei ole yhtä ahne rahan ja mammonan perään, mitä me olemme olleet. Heille riittää rivitaloasunto, kaksi autoa pihalle ja lomapaikka Floridassa ja optiot sekä osakkeet. Nämä kataiset, kaikkoset, stubit ja sinnemäet tietävät, että kansatalous ja eläkevakuutuslaitokset kasvoivat meidän ahneiden aikana. Niistä he eivät voi jakaa enää muruakaan meille suurille, röyhkeille ikäluokille eikä vähempiosaisille kansalaisille. Kaikki valtion omaisuus ja eläkerahastojen varat kannattaa siirtää sijoittajapiireille ja paremmin vielä ulkomaisille yrityksille. He ymmärtävät asiat paremmin kuin me onnettomat tunarit: tärkeää on antaa rahaa sille, jolla sitä on. Sillä, mitä vähäosainen rahalla tekee, eihän hän osaa sitä käyttää kuitenkaan.

Eräs syntini on asioiden ymmärtämättömyys. Aikanaan ihmettelin sanontaa, että yhdet vanhemmat kasvattavat kaksi lasta, mutta kaksi lasta ei hoida yksiä vanhempia. Tunnustan, etten vieläkään käsitä lausetta, mutta varmaan joku sen minulle vielä joskus selvittää.

Koska nykyisin tapana on, että kaikilta, jotka ovat tunaroineet, vaaditaan anteeksi pyyntöä, niin myös minä pyydän itseni ja suurten ikäluokkien puolesta anteeksi.

Anteeksi, että teimme parhaamme ja katsoimme mihin se riittää!

Kuka tahansa hölmö osaa kritisoida, tuomita ja valittaa – ja niin useimmat hölmöt tekevätkin, mutta vaatii luonnetta ja itsehillintää olla ymmärtävä ja anteeksiantava.

— *Dale Carnegie*